OBRAS DE ROLAND BARTHES

1. *Fragmentos de um Discurso Amoroso*
2. *O Grau Zero da Escrita*
3. *Mitologias*
4. *A Câmara Clara*
5. *Lição*
6. *Elementos de Semiologia*

A PUBLICAR

7. *Crítica e Verdade*

Elementos de Semiologia

Título original:
Éléments de sémiologie

Tradução: Maria Margarida Barahona

Capa: F.B.A.

Depósito Legal nº 252293/06

Paginação, impressão e acabamento:
PENTAEDRO, LDA.
para
EDIÇÕES 70, LDA.
Abril de 2018

ISBN: 978-972-44-1386-0
ISBN da 1ª edição: 972-44-0217-7

EDIÇÕES 70, uma chancela de Edições Almedina, S.A.
Avenida Engenheiro Arantes e Oliveira, 11 – 3.º C – 1900-221 Lisboa / Portugal
Telefs.: 213190240 – Fax 213190249
e-mail: geral@edicoes70.pt

www.edicoes70.pt

Roland Barthes

Elementos de Semiologia

70

INTRODUÇÃO

No seu Curso de Linguística Geral, *publicado pela primeira vez em 1916, Saussure postulava a existência de uma ciência geral dos signos, ou Semiologia, de que a linguística seria apenas uma parte. Prospectivamente, a semiologia tem pois por objecto qualquer sistema de signos, sejam quais forem a sua substância ou os seus limites: as imagens, os gestos, os sons melódicos, os objectos e os complexos dessas substâncias que encontramos nos ritos, nos protocolos ou nos espectáculos constituem, se não «linguagens», pelo menos sistemas de significação. É certo que o desenvolvimento das comunicações de massa confere hoje uma grande actualidade a este campo imenso da significação, no momento em que o sucesso de disciplinas como a linguística, a teoria da informação, a lógica formal e a antropologia estrutural fornece novos meios à análise semântica. Existe hoje uma solicitação semiológica, proveniente, não da fantasia de alguns investigadores, mas da própria história do mundo moderno.*

No entanto, embora a ideia de Saussure tenha feito grandes progressos, a semiologia tenta encontrar-se lentamente. Por uma razão aparentemente simples. Saussure, retomado pelos principais semiólogos, pensava que a linguística era apenas uma parte da ciência geral dos signos. Ora, não podemos estar certos de que na vida social do nosso tempo existam sistemas de signos com uma certa amplitude, para além da linguagem humana. Até aqui a semiologia só teve de estudar códigos com um interesse irrisório, tais como o código da estrada; logo que passamos a conjuntos dotados de uma verdadeira profundidade sociológica, encontramos de novo a linguagem. Na verdade, os objectos, as imagens, os comportamentos, podem significar, e significam muitas vezes, mas nunca de uma maneira autónoma; qualquer sistema semiológico se cruza com a linguagem. A substância visual, por exemplo, confirma as suas significações fazendo-se reforçar por uma mensagem linguística (é o caso do cinema, da publicidade, dos comics, *da fotografia de imprensa, etc.), de tal modo que pelo menos uma parte da mensagem icónica mantém uma relação estrutural de redundância ou de substituição com o sistema da língua; quanto aos conjuntos de objectos (vestuário, alimentação), esses só têm direito ao estatuto de sistemas quando passam pela língua, que recorta os seus significantes (sob a forma de nomenclaturas) e nomeia os seus significados (sob a forma de usos ou de razões): constituímos hoje, mais do que antigamente e apesar da invasão das imagens, uma civilização da escrita. Por fim, de um modo muito mais geral, parece cada vez mais difícil conceber um sistema de imagens ou de objectos cujos significados possam existir fora da linguagem: perceber o que uma substância significa é recorrer fatalmente ao corte da língua — o único sentido é o nomeado, e o mundo dos significados é na verdade o mundo da linguagem.*

Assim, embora trabalhando à partida sobre substâncias não-linguísticas, mais cedo ou mais tarde o semiólogo tem de encontrar no seu caminho a linguagem (a «verdadeira»), não apenas a título de modelo, mas também a título de componente, de etapa ou de significado. No *entanto, essa linguagem já não é totalmente igual à dos linguistas: é uma linguagem segunda, cujas unidades não são já os monemas ou os fonemas, mas fragmentos mais extensos do discurso que remetem para objectos ou episódios que significam sob a linguagem, mas nunca sem ela. Portanto talvez a semiologia seja levada a absorver-se numa translinguística, cuja matéria tanto pode ser o mito, a narrativa, o artigo de imprensa, como os objectos da nossa civilização, contanto que sejam falados (através da imprensa, do prospecto, da entrevista, da conversa e talvez mesmo da linguagem interior, de ordem fantasmática). Em suma, é necessário admitir a partir de agora a possibilidade de inverter um dia a proposição de Saussure: a linguística não é uma parte, mesmo privilegiada, da ciência geral dos signos, é a semiologia que é uma parte da linguística: mais precisamente, a parte que toma a seu cargo as grandes unidades significantes do discurso; surgiria assim a unidade das investigações que se fazem actualmente em antropologia, em sociologia, em psicanálise e em estilística à volta do conceito de significação.*

Indubitavelmente chamada a transformar-se um dia, a semiologia deve, em primeiro lugar, se não constituir-se, pelo menos experimentar-se, explorar as suas possibilidades — e as suas impossibilidades. Isto só se pode fazer a partir de uma informação preparatória. Ora, temos de aceitar de antemão que esta informação seja simultaneamente tímida e temerária: tímida porque actualmente o saber semiológico só pode ser uma cópia do saber linguístico; temerária porque este saber já se deve aplicar, pelo menos em projecto, a objectos não linguísticos.

O único objectivo dos Elementos *aqui apresentados é destacar a linguística dos conceitos analíticos*(1) *que* a priori *julgamos suficientemente gerais para permitirem iniciar a investigação semiológica. Reunindo-os, não conjecturamos se continuarão intactos no decurso da investigação; nem se a semiologia deve seguir sempre à letra o modelo linguístico*(2). *Limitamo-nos a propor e a esclarecer uma terminologia, desejando que esta permita introduzir uma ordem inicial (mesmo provisória) na massa heteróclita dos factos significantes: em suma, trata-se aqui de um princípio de classificação das questões.*

Portanto vamos agrupar estes Elementos de semiologia em quatro grandes rubricas, derivadas da linguística estrutural: I. Língua e Fala; II. Significado e Significante; III. Sintagma e Sistema; IV. Denotação e Conotação. *Como se vê, estas rubricas apresentam-se sob uma forma dicotómica; note-se que a classificação binária dos conceitos parece ser frequente no pensamento estrutural*(3), *como se a metalinguagem do linguista reproduzisse* en abyme *a estrutura binária do sistema que descreve; e podemos indicar, de passagem, que seria realmente muito instrutivo estudar a preeminência da classificação binária do discurso das ciências humanas contemporâneas: a taxinomia dessas ciências, se fosse bem conhecida, daria certamente algumas informações sobre aquilo a que podemos chamar o imaginário intelectual da nossa época.*

---

(1) «Um conceito não é certamente uma coisa, mas também não é apenas a consciência de um conceito. Um conceito é uma ferramenta e uma história, isto é, um feixe de possibilidades e de obstáculos comprometido num mundo vivido.» (G. G. Granger, *Méthodologie économique*, p. 23).

(2) Perigo sublinhado por C. Lévi-Strauss (*Anthropologie structurale*, p. 58).

(3) Este traço foi notado (com desconfiança) por M. Cohen («Linguistique moderne et idéalisme», in *Recherches intern.*, Maio 1958, n.º 7).

I. LÍNGUA E FALA

I.1. *Em Linguística*

I.1.1. O conceito (dicotómico) de *Língua/Fala* é central em Saussure e constituiu certamente uma grande novidade em relação à linguística anterior, ocupada com a procura das causas da mudança histórica nas alterações de pronúncia, nas associações espontâneas e na acção da analogia, e que era, por conseguinte, uma linguística do acto individual. Para elaborar esta dicotomia célebre, Saussure partiu da natureza «multiforme e heteróclita» da linguagem, que se revela à primeira vista como uma realidade inclassificável([4]), cuja unidade não podemos isolar, visto que participa simultaneamente do físico, do fisiológico e do psíquico, do individual e do social; ora essa desordem acaba se, desse todo heteróclito, abstrairmos um puro objecto social, conjunto sistemático das convenções necessárias à comunicação, indiferente à *ma-*

([4]) Note-se que a primeira definição da língua é de ordem taxinómica: é um princípio de classificação.

téria dos sinais que o compõem, e que é a *língua*, face à qual a *fala* reveste a parte puramente individual da linguagem (fonação, realização das regras e combinações contingentes de signos).

I.1.2. Portanto a *Língua* é, se quisermos, a linguagem menos a Fala: é simultaneamente uma instituição social e um sistema de valores. Como instituição social, ela não é um acto, escapa a qualquer premeditação; é a parte social da linguagem; o indivíduo, por si só, não pode nem criá-la nem modificá-la; é essencialmente um contrato colectivo, ao qual nos temos de submeter em bloco se quisermos comunicar; além disso, este produto social é autónomo, à maneira de um jogo que tem as suas regras, pois só o podemos manejar depois de uma aprendizagem. Como sistema de valores, a Língua é constituída por um certo número de elementos, sendo cada um simultaneamente um *valendo-para* e o termo de uma função mais ampla na qual tomam lugar, diferencialmente, outros valores correlativos: do ponto de vista da língua, o signo é como uma moeda([5]): essa moeda vale para um determinado bem que permite comprar, mas vale também em relação a outras moedas, com um valor mais forte ou mais fraco. É evidente que o aspecto institucional e o aspecto sistemático estão ligados: é por ser um sistema de valores contratuais (em parte arbitrários, ou, para ser mais exacto, imotivados) que a língua resiste às modificações do indivíduo e que, por conseguinte, é uma instituição social.

([5]) Cf. II.5.1.

I.1.3. Face à língua, instituição e sistema, a Fala é essencialmente um acto individual de selecção e de actualização; é constituída em primeiro lugar pelas «combinações graças às quais o sujeito falante pode utilizar o código da língua para exprimir o seu pensamento pessoal» (poderíamos chamar discurso a esta fala extensa), e em seguida pelos «mecanismos psicofísicos que lhe permitem exteriorizar essas combinações); é certo que a fonação, por exemplo, não pode ser confundida com a Língua: a instituição e o sistema não se alteram se o indivíduo que deles se serve fala em voz alta ou em voz baixa, a um ritmo lento ou rápido, etc. O aspecto combinatório da Fala é evidentemente capital, porque implica que a Fala seja constituída pelo retorno de signos idênticos: é por os signos se repetirem de um discurso para outro e dentro de um mesmo discurso (embora combinados segundo a diversidade infinita das falas) que cada signo se torna um elemento da Língua; e é por ser essencialmente uma combinatória que a Fala corresponde a um acto individual e não a uma criação pura.

I.1.4. Língua e Fala: é evidente que cada um destes dois termos só tira a sua definição plena do processo dialéctico que os une: não há língua sem fala, e não há fala fora da língua; é nesta troca que se situa a verdadeira praxis linguística, como indicou Maurice Merleau-Ponty. «A Língua, diz também V. Brondal([6]), é uma entidade puramente abstracta, uma norma superior aos indivíduos, um conjunto de tipos essenciais, que realiza a fala de um modo infinitamente variável». Portanto Língua e Fala estão numa relação de compreensão recíproca; por um

---

([6]) *Acta linguistica*, I, 1, p. 5.

lado, a Língua é «o tesouro depositado pela prática da Fala nos sujeitos pertencentes a uma mesma comunidade», e por ser uma soma colectiva de marcas individuais está forçosamente incompleta ao nível de cada indivíduo isolado: a Língua só existe perfeitamente na «massa falante»; não podemos manejar uma fala se não partirmos da língua; mas, por outro lado, a língua só é possível a partir da fala: historicamente, os factos de fala precedem sempre os factos de língua (é a fala que faz a língua evoluir) e, geneticamente, a língua constitui-se no indivíduo através da aprendizagem da fala que o rodeia (não ensinamos aos bebés a gramática e o vocabulário, isto é, a língua). Em suma, a Língua é simultaneamente o produto e o instrumento da fala: portanto trata-se realmente de uma verdadeira dialéctica. Note-se (facto importante quando passarmos às perspectivas semiológicas) que não poderia haver (pelo menos para Saussure) uma linguística da Fala, já que toda a fala, a partir do momento em que é captada como processo de comunicação, pertence *já* à língua: só há ciência da Língua. Isto afasta logo duas questões: é inútil perguntarmos se é necessário estudar a fala *antes* da língua: a alternativa é impossível: só podemos estudar a fala no que ela tem de linguístico (de «glótico»); também é inútil perguntarmos *em primeiro lugar* como é que se separa a língua da fala: não se trata aqui de uma operação prévia, antes pelo contrário da própria essência da investigação linguística (e mais tarde semiológica): separar a língua da fala é *ao mesmo tempo* estabelecer o processo do sentido.

I.1.5. Hjelmslev([7]) não subverteu a concepção saussuriana de *Língua/Fala*, mas redistribuiu os seus ter-

([7]) L. Hjelmslev, *Essais linguistiques*, Copenhaga, 1959, p. 69 sq.

mos de um modo mais formal. Na língua em si própria (que continua a estar sempre oposta ao acto da fala), Hjelmslev distingue três planos: 1) o *esquema*, que é a língua como forma pura (Hjelmslev hesitou em dar a este plano o nome de «sistema», «padrão» ou «estrutura»): é a língua saussuriana, no sentido rigoroso do termo; é, por exemplo, o *r* português, definido fonologicamente pelo seu lugar numa série de oposições; 2) a *norma*, que é a língua como forma material, definida já por uma certa realização social, mas, ainda independente do pormenor dessa manifestação: é o *r* do português oral, qualquer que seja a sua pronúncia (mas não o do português escrito); 3) o *uso*, que é a língua como conjunto de hábitos de uma determinada sociedade: é o *r* de certas regiões. As relações de determinação entre fala, uso, norma, esquema, são variadas: a norma determina o uso e a fala; o uso determina a fala mas também é determinado por ela; o esquema é determinado simultaneamente pela fala, pelo uso e pela norma; vemos assim aparecer (de facto) dois planos fundamentais: 1) o *esquema*, cuja teoria se confunde com a teoria da forma ([8]) e da instituição; 2) o grupo *Norma-Uso-Fala*, cuja teoria se confunde com a teoria da substância ([9]) e da execução; como — segundo Hjelmslev — a norma é uma pura abstracção de método e a fala uma simples concretização («um documento passageiro»), acabamos por encontrar uma nova dicotomia, *Esquema/ Uso*, que substitui o par *Língua/Fala*. No entanto a modificação introduzida por Hjelmslev não é indiferente: formaliza radicalmente o conceito de Língua (sob o nome de esquema) e elimina a fala concreta a favor de um conceito

([8]) Cf. II.1.3.
([9]) Cf. II.1.3.

mais social, o *uso*: formalização da língua, socialização da fala, este movimento permite fazer passar todo o «positivo» e todo o «substancial» para o lado da fala, todo o diferencial para o lado da língua, o que, como havemos de ver, tem a vantagem de levantar uma das contradições postas pela distinção saussuriana entre a Língua e a Fala.

I.1.6. Independentemente da sua riqueza ou das suas vantagens, esta distinção não deixa efectivamente de levantar alguns problemas. Vamos aqui indicar três. O primeiro é este: poderemos identificar a língua com o código e a fala com a mensagem? Esta identificação é impossível segundo a teoria hjelmsleviana; P. Guiraud recusa-a, porque, diz ele, as convenções do código são explícitas e as da língua são implícitas ([10]), mas ela é certamente aceitável na perspectiva saussuriana, e A. Martinet encarrega-se dela ([11]). Podemos levantar um problema análogo interrogando-nos sobre as relações da fala e do sintagma ([12]); como vimos, a fala pode ser definida, para além das amplitudes de fonação, como uma combinação (variada) de signos (recorrentes); no entanto, ao nível da própria língua já existem alguns sintagmas congelados (Saussure cita uma palavra composta, como *magnanimus*); logo, o limiar de separação entre a língua e a fala pode ser frágil, visto que aqui é constituído por «um certo grau de combinação»; eis introduzida a partir daqui a análise dos sintagmas congelados, mas de natureza linguística (glótica), visto que se oferecem em bloco à

([10]) «La mécanique de l'analyse quantitative en linguistique», in *Études de linguistique appliquée*, 2, Didier, p. 37.

([11]) A. Martinet, *Élements de Linguistique génerale*, Armand Colin, 1960, p. 30.

([12]) Cf., sobre o sintagma, cap. III.

variação paradigmática (Hjelmslev chama a esta análise a morfossintaxe); Saussure tinha notado este fenómeno de passagem: «Provavelmente há também toda uma série de frases que pertencem à língua, que o indivíduo já não tem de combinar por si próprio» ([13]). Se estes estereótipos já pertencem à língua, e não à fala, e se está provado que muitos sistemas semiológicos os utilizam frequentemente, temos de prever uma verdadeira *linguística do sintagma*, necessária para todas as «escritas» fortemente estereotipadas. Por fim, o terceiro problema que vamos indicar aqui diz respeito às relações entre a língua e a pertinência (isto é, o elemento propriamente significante da unidade); identificou-se muitas vezes (e o próprio Troubetskoy) a pertinência com a língua, excluindo assim da língua todos os traços não pertinentes, isto é, as variantes combinatórias; no entanto esta identificação traz problemas, pois existem variantes combinatórias (portanto, à primeira vista, dependentes da fala) que são impostas, isto é, «arbitrárias»: em português, é imposto pela língua que o *l* seja surdo depois de uma surda (*clã*) e sonoro depois de uma sonora (*glande*), sem que estes factos deixem de pertencer à simples fonética (e não à fonologia); é fácil ver a consequência teórica disto: será necessário admitir que, contrariamente à afirmação de Saussure («na língua só há diferenças»), o que não é diferenciativo pode pertencer à língua (à instituição)? Martinet pensa assim: Frei tenta evitar a Saussure a contradição localizando as diferenças nos subfonenas: *p*, em si, não é diferencial, mas só os seus traços consonântico, oclusivo, surdo, labial, etc. Mas não nos interessa tomarmos aqui partido em relação a estes

---

([13]) Saussure, in R. Godel, *Les sources manuscrites du Cours de Linguistique Générale*, Droz, Minard, 1957, p. 90.

problemas; de um ponto de vista semiológico, conservaremos a necessidade de aceitar a existência de sintagmas e de variações não significantes que todavia são «glóticas», isto é, pertencem à língua; esta linguística, pouco prevista por Saussure, pode assumir uma grande importância sempre que predominem os sintagmas congelados (ou estereótipos), o que é sem dúvida o caso das linguagens de massa, e cada vez que as variações não significantes formem um corpo de significantes segundos, o que é o caso das linguagens com uma forte conotação([14]): o *s* pronunciado ʃ [ch] é uma simples variação combinatória ao nível da denotação, mas em linguagem do teatro, por exemplo, marca a pronúncia provinciana e participa por conseguinte de um código, sem o qual a mensagem de «provincianismo» não poderia ser nem emitida nem recebida.

I.1.7. Para concluirmos *Língua/Fala* em linguística, vamos indicar aqui dois conceitos anexos, publicados depois de Saussure. O primeiro é o de idiolecto([15]). O idiolecto é «a linguagem enquanto falada por um só indivíduo» (Martinet), ou ainda «o completo funcionamento dos hábitos de um só indivíduo em determinado momento» (Ebeling). Jakobson contestou o interesse desta noção: a linguagem é sempre socializada, mesmo ao nível individual, porque quando falamos a alguém tentamos sempre falar mais ou menos a sua linguagem, nomeadamente o seu vocabulário («não existe propriedade pri-

---

([14]) Cf. cap. IV.

([15]) R. Jakobson, «Deux aspects du langage...» in *Essais de Linguistique Générale*, Ed. de Minuit, 1963, p. 54. — C. L. Ebeling, *Linguistics units*, Mouton, Haia, 1960, p. 9. — A. Martinet, *A functional view of language*, Oxford, Clarendon Press, 1962, p. 105.

vada no domínio da linguagem»): o idiolecto seria pois uma noção muito ilusória. No entanto note-se que o idiolecto pode ser útil para designar as seguintes realidades: 1) a linguagem do afásico que não compreende os outros, que não recebe uma mensagem conforme aos seus próprios modelos verbais, sendo então essa linguagem um idiolecto puro (Jakobson); 2) o «estilo» de um escritor, embora o estilo esteja sempre impregnado de certos modelos verbais provenientes da tradição, isto é, da colectividade; 3) por fim, podemos alargar efectivamente a noção e definir o idiolecto como a linguagem de uma comunidade linguística, isto é, de um grupo de pessoas que interpretam da mesma maneira todos os enunciados linguísticos; então o idiolecto corresponderia aproximadamente àquilo que tentámos descrever noutro lugar sob o nome de escrita ([16]). De uma maneira geral, as tentativas de que o conceito de idiolecto dá testemunho não fazem mais do que traduzir a necessidade de uma entidade intermediária entre a fala e a língua (como o provava já a teoria do uso, em Hjelmslev), ou, se preferirmos, de uma fala já institucionalizada, mas ainda não radicalmente formalizável, como a língua.

I.1.8. Se aceitarmos a identificação *Língua/Fala* e *Código/Mensagem*, é necessário mencionar aqui um segundo conceito anexo, que Jakobson elaborou sob o nome de estruturas duplas (*duplex structures*); não vamos insistir nele, porque a exposição de Jakobson foi retomada em *Essais de Linguistique Générale* (cap. 9). Indicamos apenas que, sob o nome de estruturas duplas, Jakobson estuda certos casos particulares da relação geral *Código/*

([16]) O *Grau Zero da Escrita* [Lisboa, Edições 70, 1972, ²2006].

/*Mensagem*: dois casos de circularidade e dois casos de cavalgamento (*overlapping*): 1) discursos narrados ou mensagens no interior de uma mensagem (M/M): é o caso geral dos estilos indirectos; 2) nomes próprios: o nome significa qualquer pessoa a quem esse nome seja dado, e a circularidade do código é evidente (C/C): *João significa uma pessoa chamada João*; 3) caso de autonímia («*Pá* é uma sílaba»): a palavra é aqui utilizada como a sua própria designação, a mensagem «cavalga» o código (M/ /C); esta estrutura é importante porque engloba as «interpretações explicativas», isto é, os circunlóquios, sinónimos e traduções de uma língua para outra; 4) os *shifters* [deícticos] constituem sem dúvida a mais interessante estrutura dupla; o exemplo mais acessível do *shifter* é dado pelo pronome pessoal (Eu, tu), «símbolo indicial» que reúne em si o vínculo convencional e o vínculo existencial: com efeito, Eu só pode representar o seu objecto por uma regra convencional (que faz com que Eu se torne *ego* em latim, *ich* em alemão, etc.), mas, por outro lado, ao designar o emissor tem de se relacionar existencialmente com o acto da emissão (C/M); Jakobson lembra que os pronomes pessoais durante muito tempo passaram por ser a camada mais primitiva da linguagem (Humboldt), mas que, para ele, se trata pelo contrário de uma relação complexa e adulta entre o Código e a Mensagem: os pronomes pessoais constituem a última aquisição da linguagem infantil e a primeira perda da afasia: são termos de transferência difíceis de manejar. A teoria dos *shifters* ainda parece estar pouco explorada; no entanto, *a priori*, é muito fecundo observar, se assim podemos dizer, o código em luta com a mensagem (o inverso é muito mais banal); talvez (isto é apenas uma hipótese de trabalho) seja no campo dos *shifters*, que são, como vimos, símbolos indiciais, segundo a terminologia de Peirce, que seja necessário procurar a definição semiológica das mensagens que se situam nas fronteiras da linguagem, particularmente de certas formas do discurso literário.

I.2. *Perspectivas semiológicas*

I.2.1. O alcance sociológico do conceito *Língua/Fala* é evidente. A afinidade manifesta entre a Língua saussuriana e a concepção durkheimiana da consciência colectiva, independente das suas manifestações individuais, foi assinalada muito cedo; postulou-se mesmo uma influência directa de Durkheim sobre Saussure; Saussure teria seguido de perto o debate entre Durkheim e Tarde; a sua concepção da Língua viria de Durkheim e a sua concepção da Fala seria uma forma de concessão às ideias de Tarde sobre o individual ([17]). Esta hipótese perdeu a sua actualidade porque a linguística, na ideia de língua saussuriana, desenvolveu sobretudo o aspecto de «sistema de valores», o que levou a aceitar a necessidade de uma análise imanente da instituição linguística: imanência que repugna à investigação sociológica. Portanto, paradoxalmente, não é no campo da sociologia que vamos encontrar o melhor desenvolvimento da noção *Língua/Fala*; é no campo da filosofia, com Merleau-Ponty, que foi provavelmente um dos primeiros filósofos franceses que se interessaram por Saussure, quer por ter retomado a distinção saussuriana sob a forma de uma oposição entre *fala falante* (intenção significativa à nascença) e *fala falada* («fortuna adquirida» pela língua, que lembra o «tesouro» de Saussure) ([18]),

---

([17]) W. Doroszewski, «Langue et Parole», *Odbitka z Prac Filologicznych*, XLV, Varsóvia, 1930, pp. 485-97.

quer por ter alargado a noção postulando que qualquer processo pressupõe um sistema [19]: assim se elaborou uma oposição agora clássica entre *acontecimento* e *estrutura* [20], cuja fecundidade em História [21] é bem conhecida. A noção saussuriana, como se sabe, teve também um grande desenvolvimento no campo da antropologia; a referência a Saussure é demasiado explícita em toda a obra de Lévi-Strauss para que seja necessário insistirmos nela; lembramos apenas que a oposição entre o processo e o sistema (entre a Fala e a Língua) se encontra concretamente na passagem da comunicação das mulheres às estruturas do parentesco; que para Lévi-Strauss a oposição tem um valor epistemológico: o estudo dos factos de língua releva da interpretação mecanicista (no sentido lévi-straussiano, isto é, por oposição ao estatístico) e estrutural, e o dos factos de fala do cálculo das probabilidades (macro-linguística) [22]; finalmente, que o carácter inconsciente da língua nos que a ela vão buscar a sua fala, postulado explicitamente por Saussure [23], se encontra numa das posições mais originais e mais fecundas de Lévi-Strauss, a saber, que não são os conteúdos que são inconscientes (crítica dos arquétipos de Jung), mas as formas, isto é, a função simbólica: ideia próxima da de

---

[18] M. Merleau-Ponty, *Phénoménologie de la Perception*, 1945, p. 229.

[19] M. Merleau-Ponty, *Éloge de la Philosophie*, Gallimard, 1953.

[20] G. Granger, «Événement et structure dans les sciences de l'homme», *Cahiers de l'Inst. de science économique appliquée*, n.° 55, Maio 1957.

[21] Ver F. Braudel, «Histoire et sciences sociales: la longue durée», in *Annales*, Out.-Dez. 1958.

[22] *Anthropologie structurale*, p. 230 e «Les mathématiques de l'homme», in *Esprit*, Out. 1956.

[23] «Nunca existe premeditação, nem mesmo meditação, reflexão sobre as formas, fora do acto, da ocasião da fala, excepto uma actividade inconsciente, não criadora: a actividade de classificação». (Saussure, in R. Godel, *op. cit.*, p. 58).

Lacan, para quem o próprio desejo está articulado como um sistema de significações, o que leva ou devia levar a descrever de uma nova forma o imaginário colectivo, não pelos seus «temas», como se fez até agora, mas pelas suas formas e pelas suas funções; digamos menos rigorosa mas mais claramente: mais pelos seus significantes do que pelos seus significados. Por estas indicações sumárias vê-se como a noção *Língua/Fala* é rica em desenvolvimentos extra ou metalinguísticos. Portanto postulamos que existe uma categoria geral *Língua/Fala*, extensiva a todos os sistemas de significação; à falta de melhor, conservamos aqui os termos *Língua* e *Fala*, mesmo quando se aplicam a comunicações cuja substância não é verbal.

I.2.2. Vimos que a separação entre a Língua e a Fala constituía o essencial da análise linguística; portanto seria inútil propor de improviso esta separação para sistemas de objectos, de imagens ou de comportamentos que ainda não foram estudados de um ponto de vista semântico. Podemos apenas, para alguns destes sistemas supostos, prever que algumas classes de factos pertencem à categoria *Língua* e outras à categoria *Fala*, afirmando logo que, nesta passagem semiológica, a distinção saussuriana pode sofrer modificações, que temos precisamente de assinalar. Tomemos o vestuário, por exemplo: é indubitavelmente necessário distinguir aqui três sistemas diferentes, segundo a substância empregue na comunicação. No vestuário escrito, isto é, descrito por uma revista de Moda, com a ajuda da linguagem articulada, não há por assim dizer «fala»: o vestuário que é «descrito» nunca corresponde a uma execução individual das regras da Moda, é um conjunto sistemático de signos e de regras: é uma Língua no estado puro. Segundo o esquema saussuriano, uma língua sem fala é impossível: aqui o facto torna-se aceitável, por um lado porque a língua de Moda não emana da «massa falante», mas de um grupo de decisão, que elabora voluntariamente o código, e, por outro, porque a abstracção inerente a qualquer Língua está aqui materializada sob a forma da linguagem escrita: o vestuário da moda (escrito) é Língua ao nível da comunicação relativa ao vestuário e Fala ao nível da comunicação verbal. No vestuário *fotografado* (supondo, para simplificar, que não está reforçado por uma descrição verbal), a Língua provém sempre do *fashion-group* mas já não é dada na sua abstracção, porque o vestuário fotografado é sempre usado por uma mulher individual; o que é dado pela fotografia de moda é um estado semi-sistemático do vestuário; por um lado, porque a Língua de moda tem de ser aqui inferida de um vestuário pseudo-real; por outro, a portadora do vestuário (o modelo fotografado) é, se assim podemos dizer, um indivíduo normativo, escolhido em função da sua generalidade canónica, e que representa por consequência uma «fala» congelada, desprovida de qualquer liberdade combinatória. Por fim, no vestuário *usado* (ou real), como sugeria Troubetskoy([24]), encontramos a distinção clássica entre a Língua e a Fala; a Língua do vestuário é constituída: 1) pelas oposições de peças, acrescentos ou «detalhes» cuja variação provoca uma mudança do sentido (usar uma boina ou um chapéu de coco não tem o mesmo sentido); 2) pelas regras que presidem à associação das peças entre si, quer ao longo do corpo, quer em espessura; a Fala do vestuário engloba todos os factos de fabricação anómica (já não subsistem na nossa sociedade) ou de porte individual (tamanho do vestuário, grau de propriedade, de desgaste, manias pes-

([24]) *Principes de Phonologie* (trad. J. Cantineau), p. 19.

soais, associações livres de peças); quanto à dialéctica que une aqui o vestuário (Língua) e o trajo (Fala), essa não se parece com a da linguagem; é certo que o trajo é sempre tirado do vestuário (salvo no caso da excentricidade, que aliás também tem os seus signos), mas o vestuário, pelo menos actualmente, precede o trajo, pois provém da «confecção», isto é, de um grupo minoritário (embora mais anónimo do que no caso da Alta Costura).

I.2.3. Tomemos agora um outro sistema de significação: a alimentação. Neste encontramos sem dificuldade a distinção saussuriana. A Língua alimentar é constituída: 1) pelas regras de exclusão (tabus alimentares); 2) pelas oposições significantes de unidades que ainda estão por determinar (do tipo, por exemplo: *salgado/doce*); 3) pelas regras de associação, quer simultânea (ao nível de um prato), quer sucessiva (ao nível de uma ementa); 4) pelos protocolos de uso, que funcionam talvez como uma espécie de *retórica* alimentar. Quanto à «fala» alimentar, muito rica, essa compreende todas as variações pessoais (ou familiares) de preparação e de associação (poderíamos considerar a cozinha de uma família, submetida a um certo número de hábitos, como um idiolecto). A *ementa*, por exemplo, ilustra perfeitamente o funcionamento da Língua e da Fala: qualquer ementa é constituída em referência a uma estrutura (nacional ou regional e social), mas essa estrutura é preenchida de forma diferente consoante os dias e as pessoas, tal como uma «forma» linguística é preenchida pelas variações e combinações livres de que um locutor tem necessidade para uma determinada mensagem. Aqui a relação entre a Língua e a Fala é muito semelhante à que encontramos na linguagem: por fim, é o uso, isto é, uma espécie de sedimentação das falas, que faz a língua alimentar; todavia os factos de inovação individual (receitas inventadas) podem adquirir aqui um valor institucional; de qualquer modo, e contrariamente ao sistema do vestuário, o que falta é a acção de um *grupo de decisão*: a língua alimentar só se constitui a partir de um uso largamente colectivo ou de uma «fala» puramente individual.

I.2.4. Para concluirmos, aliás arbitrariamente, as perspectivas da distinção *Língua/Fala*, vamos dar ainda algumas sugestões referentes a dois sistemas de objectos, muito diferentes é certo, mas que têm em comum o facto de dependerem ambos de um grupo de decisão (de fabricação): o automóvel e o mobiliário. No automóvel, a «língua» é constituída por um conjunto de formas e de «detalhes», cuja estrutura se estabelece diferencialmente comparando os protótipos entre si (independentemente do número das suas «cópias»); a «fala» é muito reduzida, porque, para a mesma posição social, a liberdade de escolha do modelo é muito pequena: só pode funcionar sobre dois ou três modelos e, para cada modelo, sobre a cor ou os acessórios; mas aqui talvez fosse necessário transformar a noção de objecto automóvel em noção de facto automóvel; encontramos então na condução automóvel as variações de uso do objecto que constituem geralmente o plano da fala; com efeito, o indivíduo aqui não pode actuar directamente sobre o modelo para combinar as suas unidades; a sua liberdade de execução assenta num uso desenvolvido no tempo e no seio do qual as «formas» provenientes da língua, para se actualizarem, têm de passar por certas práticas. Por fim, último sistema de que queríamos falar, o mobiliário, constitui também um objecto semântico; a «língua» é formulada simultaneamente pelas oposições de móveis funcionalmente idênticos (dois tipos de armários, dois tipos de camas, etc.), em que cada um, segundo o seu estilo, remete para um sentido diferente, e pelas regras de associação das unidades diferentes ao nível da divisão («mobília»); a «fala» é formada quer pelas variações insignificantes que o indivíduo pode produzir numa unidade (ao arranjar, por exemplo, um elemento), quer pelas liberdades de associação dos móveis entre si.

I.2.5. Os sistemas mais interessantes, pelo menos aqueles que dependem da sociologia das comunicações de massa, são sistemas complexos, em que estão envolvidas substâncias diferentes; no cinema, na televisão e na publicidade, os sentidos são tributários do concurso de imagens, de sons e de grafismos; portanto, é prematuro fixar, para estes sistemas, a classe dos factos de língua e a dos factos de fala, por um lado enquanto não tivermos decidido se a «língua» de cada um destes sistemas complexos é original ou composta apenas pelas «línguas» subsidiárias que neles participam, e, por outro, enquanto essas línguas subsidiárias não tiverem sido analisadas (nós conhecemos a «língua» linguística, mas ignoramos a «língua» das imagens ou a da música). Quanto à imprensa, que podemos considerar um sistema de significação autónomo, mesmo limitando-nos aos seus elementos escritos, ignoramos ainda quase tudo sobre um fenómeno linguístico que parece ter nela um papel capital: a conotação, isto é, o desenvolvimento de um sistema de sentidos segundos, parasita, se assim podemos dizer, da língua propriamente dita; este sistema segundo é também uma «língua», em relação à qual se desenvolvem factos de fala, idiolectos e estruturas duplas. Portanto, para estes sistemas complexos ou, conotados (as duas características não são exclusivas), já não é possível predeterminar, mesmo de um modo global e hipotético, a classe dos factos de língua e a dos factos de fala.

I.2.6. A extensão semiológica da noção *Língua/Fala* não deixa de levantar certos problemas, que coincidem evidentemente com os pontos em que o modelo linguístico não pode já ser seguido e tem de ser reformulado. O primeiro problema diz respeito à origem do sistema, isto é, à própria dialéctica da língua e da fala. Na linguagem, não entra nada na língua que não tenha sido experimentado pela fala, mas, inversamente, não é possível nenhuma fala (isto é, não corresponde à sua função de comunicação) que não seja proveniente do «tesouro» da língua. Este movimento é ainda, pelo menos parcialmente, o de um sistema como a alimentação, embora neste os factos individuais de inovação se possam tornar factos de língua; mas para a maior parte dos outros sistemas semiológicos, a língua é elaborada, não pela «massa falante», mas por um grupo de decisão; neste sentido, podemos dizer que, na maior parte das línguas semiológicas, o signo é verdadeiramente «arbitrário» ([25]), pois é instituído de um modo artificial por uma decisão unilateral; trata-se em suma de linguagens fabricadas, de «logo-técnicas»; o indivíduo segue estas linguagens, tira delas mensagens («falas»), mas não participa na sua elaboração; o grupo de decisão que está na origem do sistema (e das suas modificações) pode ser mais ou menos amplo; pode ser uma tecnocracia altamente qualificada (Moda, Automóvel); pode também ser um grupo mais difuso, mais anónimo (arte do mobiliário corrente, confecção média.) Se, no entanto, este carácter artificial não altera a natureza institucional da comunicação e preserva uma certa dialéctica entre o sistema e o uso, é porque o «contrato» significante, embora seja apenas suportado, não deixa de ser cumprido pela massa

([25]) Cf. II.4.3.

dos indivíduos (senão, o indivíduo fica marcado por uma certa associalidade: já só pode comunicar a sua excentricidade), e porque as línguas elaboradas «por decisão» não são inteiramente livres «arbitrárias»); estão submetidas à determinação da colectividade, pelo menos através das seguintes vias: 1) quando aparecem necessidades novas, consecutivas ao desenvolvimento das sociedades (passagem a um vestuário semieuropeu nos países da África contemporânea, aparecimento de novos protocolos de alimentação rápida nas sociedades industriais e urbanas); 2) quando imperativos económicos determinam o desaparecimento ou a promoção de determinados materiais (tecidos artificiais); 3) quando a ideologia limita a invenção das formas, submete-a a tabus e reduz de certo modo as margens do «normal». De um modo mais extenso, podemos dizer que as elaborações do grupo de decisão, isto é, as logo-técnicas, não são mais do que os termos de uma função sempre mais geral, que é o imaginário colectivo da época: a inovação individual é assim transcendida por uma determinação sociológica (de grupos restritos) e essas determinações sociológicas remetem por sua vez para um sentido final, de natureza antropológica.

I.2.7. O segundo problema levantado pela extensão semiológica da noção *Língua/Fala* diz respeito à relação de «volume» que se pode estabelecer entre as «línguas» e as suas «falas». Na linguagem, há uma enorme desproporção entre a língua, conjunto finito de regras, e as «falas» que se vêm alojar sob estas regras e que são em número praticamente infinito. Podemos presumir que um sistema como a alimentação ainda apresenta uma considerável diferença de volumes, pois no seio das formas culinárias, as modalidades e as combinações de execução continuam a ser em número elevado; mas vimos que, em sistemas como o automóvel ou o mobiliário, a amplitude das variações combinatórias e das associações livres é fraca: há uma margem pequena — pelo menos reconhecida pela própria instituição — entre o modelo e a sua «execução»: são sistemas em que a «fala» é pobre; num sistema particular como a Moda escrita, esta fala é mesmo quase nula, de modo que encontramos, paradoxalmente, uma língua sem fala (o que, como vimos, só é possível por esta língua estar «sustentada» pela fala linguística). De qualquer maneira, se é certo que existem línguas sem fala ou com uma fala muito pobre, temos de rever necessariamente a teoria saussuriana que quer que a língua seja apenas um sistema de diferenças (neste caso, sendo inteiramente «negativa» é inapreensível fora da fala), e completar o par *Língua/Fala* com um terceiro elemento, pré-significante, matéria ou substância, e que é o suporte (necessário) da significação: numa expressão como «um vestido comprido ou curto», o «vestido» é apenas o suporte duma variante (*comprido/curto*) que pertence plenamente à língua do vestuário: distinção que é desconhecida da linguagem, porque, considerando o som imediatamente significante, não o podemos decompor num elemento inerte e num elemento semântico. Somos assim levados a reconhecer nos sistemas semiológicos (não linguísticos) três planos (e não dois): o plano da matéria, o da língua e o do uso; é evidente que isto permite dar conta dos sistemas sem «execução», já que o primeiro elemento assegura a materialidade da língua; disposição tanto mais plausível quanto pode ser explicada geneticamente: se, nestes sistemas, a «língua» tem necessidade de «matéria» (e já não de «fala»), é porque eles têm em geral uma origem utilitária, e não significante, contrariamente à linguagem humana.

II. SIGNIFICADO E SIGNIFICANTE

II.1. O *Signo*

II.1.1. O significado e o significante são, na terminologia saussuriana, os componentes do signo. Ora este termo *signo*, presente em vocabulários muito diferentes (da teologia à medicina) e cuja história é muito rica (do Evangelho([26]) à cibernética), é por isso mesmo muito ambíguo; logo, antes de voltarmos à acepção saussuriana, é necessário dizermos uma palavra sobre o campo nocional em que ele ocupa um lugar, flutuante aliás, como havemos de ver. Com efeito, *signo* insere-se, segundo a vontade dos autores, numa série de termos afins e dissemelhantes: *sinal, índice, ícone, símbolo*, *alegoria* são os principais rivais do signo. Vejamos primeiro o elemento comum a todos estes termos: remetem todos necessariamente para uma *relação* entre dois *relata*([27]); por-

([26]) J. P. Charlier, «La notion de signe shmeion dans le IVe évangile», *Rev. des sciences philos. et théol.*, 1959, 43, n.° 3, 434-48.

([27]) O que foi expresso muito claramente por Santo Agostinho: «Um signo é uma coisa que, além da espécie ingerida pelos sentidos, faz afluir por si própria ao pensamento qualquer outra coisa».

tanto este traço não pode distinguir nenhum dos termos da série; para encontrar uma variação de sentido, é preciso recorrer a outros traços, que damos aqui sob a forma de uma alternativa (*presença/ausência*): 1) a relação implica ou não a representação psíquica de um dos *relata*; 2) a relação implica ou não uma analogia entre os *relata*; 3) a ligação entre os dois *relata* (o estímulo e a sua resposta) é ou não imediata; 4) os *relata* coincidem exactamente, ou pelo contrário um «excede» o outro; 5) a relação implica ou não uma ligação existencial com aquele que a utiliza ([28]). Consoante estes traços sejam positivos ou negativos (marcados ou não marcados), cada termo do campo diferencia-se dos seus vizinhos; é preciso acrescentar que a distribuição do campo varia de um autor para outro, o que provoca contradições terminológicas; podemos contornar facilmente estas contradições apresentando o quadro de encontro dos traços e dos termos de quatro autores diferentes: Hegel, Peirce, Jung e Wallon (a referência a certos traços, quer sejam ou não marcados, pode estar ausente em alguns autores):

sinal	*índice*	*ícone*	*símbolo*	*signo*	*alegoria*
		1. Representação			
Wallon	Wallon		Wallon	Wallon	
—	—		+	+	
sinal	*índice*	*ícone*	*símbolo*	*signo*	*alegoria*
		2. Analogia			
			Hegel +	Hegel —	
			Wallon	Wallon	
			+	—	
		Peirce	Peirce		
		+	—		

([28]) Cf. os *shifters* e símbolos indiciais, I.1.8.

		3. Imediatidade		
Wallon +	Wallon —			
		4. Adequação		
			Hegel — Jung — Wallon —	Hegel + Jung + Wallon +
		5. Existencialidade		
Wallon +	Wallon —			
	Peirce +	Peirce —		
		Jung +	Jung —	

Vemos que a contradição terminológica atinge essencialmente o *índice* (para Peirce, o índice é existencial, para Wallon, não o é) e o *símbolo* (para Hegel e Wallon, há uma relação de analogia — ou de «motivação» — entre os dois *relata* do símbolo, mas não para Peirce; além disso, para Peirce, o símbolo não é existencial, mas é-o para Jung). Vemos também que estas contradições — aqui legíveis verticalmente — se explicam facilmente, ou antes: se compensam por translações de termos ao nível de um mesmo autor — translações aqui legíveis horizontalmente: por exemplo, o símbolo é analógico em Hegel por oposição ao signo, que não o é; e não o é em Peirce porque o ícone pode ficar com esse traço. Quer isto dizer, para resumirmos e falarmos em termos semiológicos, que é o que interessa neste breve estudo *en abyme*, que as palavras do campo só ganham o seu sentido por oposição umas às outras (normalmente por par) e que se estas oposições forem salvaguardadas, o sentido não tem ambiguidade; nomeadamente *sinal* e *índice, símbolo* e *signo* são os termos de duas funções diferentes que podem por sua vez entrar em oposição geral, como em Wallon, cuja terminologia é a mais completa e a mais clara ([29]) ficando *ícone* e *alegoria* confinados ao vocabulário de Peirce e de Jung. Dizemos pois, como Wallon, que o *sinal* e o *índice* formam um grupo de *relata* desprovidos de representação psíquica, enquanto no grupo adverso *símbolo* e *signo,* essa representação existe; que além disso o *sinal* é imediato e existencial, por oposição ao *índice*, que o não é (é apenas uma marca); que, por fim, no *símbolo,* a representação é analógica e inadequada (o cristianismo «excede» a cruz), por oposição ao *signo,* em que a relação é imotivada e exacta (não há analogia entre a palavra *boi* e a imagem *boi,* que é perfeitamente recoberta pelo seu *relatum*).

II.1.2. Em linguística, a noção de signo não provoca competição entre termos vizinhos. Para designar a relação significante, Saussure eliminou logo *símbolo* (porque o termo comportava uma ideia de motivação) a favor de *signo,* definido como a união de um significante e de um significado (à maneira do verso e do reverso de uma folha de papel), ou ainda de uma imagem acústica e de um conceito. No entanto, até Saussure ter encontrado as palavras *significante* e *significado, signo* continuou a ser ambíguo porque tinha tendência a confundir-se apenas como significante, o que Saussure queria a todo o custo evitar; depois de ter hesitado entre *soma* e *sema*, *forma* e *ideia*, *imagem e conceito,* Saussure decidiu-se por *significante* e *significado,* cuja união forma o signo; proposição capital e à qual é sempre necessário voltar porque temos tendência a tomar *signo* por *significante,* quando se trata

([29]) H. Wallon, *De l'acte à la pensée,* 1942, pp. 175-250.

de uma realidade biface; a consequência (importante) é que, pelo menos para Saussure, Hjelmslev e Frei, como os significados fazem parte dos signos, a semântica tem de fazer parte da linguística estrutural, enquanto que para os mecanicistas americanos os significados são substâncias que devem ser expulsas da linguística e dirigidas para a psicologia. A partir de Saussure, a teoria do signo linguístico enriqueceu-se com o princípio da *dupla articulação,* cuja importância foi demonstrada por Martinet, a ponto de fazer dela o critério definidor da linguagem: com efeito, entre os signos linguísticos, é necessário separar as *unidades significativas,* cada uma das quais é dotada de um sentido (as «palavras», ou, para ser mais exacto, os «monemas»), e que formam a primeira articulação das *unidades distintivas,* que participam na forma mas não têm directamente um sentido (os «sons» ou antes, os fonemas), e que constituem a segunda articulação; é a dupla articulação que dá conta da economia da linguagem humana; constitui efectivamente uma espécie de poderosa desmultiplicação que faz, por exemplo, com que o Espanhol da América, com apenas 21 unidades distintivas, possa produzir 100 000 unidades significativas.

II.1.3. Portanto, o signo é composto por um significante e por um significado. O plano dos significantes constitui o *plano de expressão* e o dos significados o *plano de conteúdo.* Em cada um destes dois planos, Hjelmslev introduziu uma distinção que pode ser importante para o estudo do signo semiológico (e já não apenas linguístico); com efeito, para Hjelmslev, cada plano comporta dois *strata:* a *forma* e a *substância;* é preciso insistir na nova definição destes dois termos, porque têm ambos um pesado passado lexical. A *forma* é o que pode ser descrito com coerência, exaustiva e simplesmente (critérios epistemológicos) pela linguística, sem recorrer a nenhuma premissa extralinguística; a *substância* é o conjunto dos aspectos dos fenómenos linguísticos que não podem ser descritos sem recorrer a premissas extralinguísticas. Como estes dois *strata* aparecem no plano da expressão e no plano do conteúdo, temos: 1) uma substância da expressão: por exemplo, a substância fónica articulatória, não funcional, estudada pela fonética e não pela fonologia; 2) uma forma de expressão, constituída pelas regras paradigmáticas e sintácticas (note-se que uma mesma forma pode ter duas substâncias diferentes, uma fónica, outra gráfica); 3) uma substância do conteúdo: são, por exemplo, os aspectos emotivos, ideológicos ou simplesmente nocionais do significado, o seu sentido «positivo»; 4) uma forma do conteúdo: é a organização formal dos significados entre si, pela presença ou ausência de uma marca semântica ([30]): esta última noção é difícil de apreender por causa da impossibilidade de separar os significados dos significantes, quando se trata da linguagem humana; mas, por isso mesmo, a subdivisão *forma/substância* pode tornar-se útil e fácil de manejar, em semiologia, nos seguintes casos: 1) quando nos encontramos perante um sistema em que os significados estão substantificados numa substância diferente da do seu próprio sistema (é, como vimos, o caso da Moda escrita); 2) quando um sistema de objectos comporta uma substância que não é imediata e funcionalmente significante, mas que pode ser, a determinado nível, simplesmente utilitária: um determinado prato serve para significar uma situação mas também serve para nos alimentarmos.

([30]) Embora muito rudimentar, a análise dada atrás, II.1.1., diz respeito *à forma* dos significados *«signo», «símbolo», «índice», «sinal»*.

II.1.4. Isto talvez permita prever a natureza do signo semiológico em relação ao signo linguístico. O signo semiológico, tal como o seu modelo, é composto por um significante e por um significado (a cor de uma luz, por exemplo, é uma ordem de circulação, no código da estrada), mas afasta-se dele ao nível das substâncias. Muitos sistemas semiológicos (objectos, gestos, imagens([31])) têm uma substância de expressão cuja razão de ser não reside na significação: o vestuário serve para nos protegermos, a alimentação serve para nos alimentarmos, mas no entanto também servem para significar. Propomos que se chame a estes signos semiológicos, de origem utilitária, funcional, *funções-signos.* A função-signo é a prova de um duplo movimento que é necessário analisar. Num primeiro tempo (esta decomposição é puramente operatória e não implica uma temporalidade real), a função funde-se com o sentido; esta semantização é inevitável: *a partir do momento em que existe sociedade, qualquer uso é convertido em signo desse uso* — o uso do impermeável é proteger da chuva, mas esse uso é indissociável do próprio signo de uma certa situação atmosférica; como a nossa sociedade só produz objectos estandardizados, normalizados, esses objectos são fatalmente as execuções de um modelo, as falas de uma língua, as substâncias de uma forma significante; para encontrarmos um objecto insignificante seria necessário imaginarmos um utensílio absolutamente improvisado e que não se aproximasse em nada de um modelo existente (Lévi-Strauss mostrou como o trabalho manual é em si próprio procura de um sentido): hipótese quase irrealizável em qualquer sociedade. Esta

([31]) Na verdade, o caso da imagem apresenta reservas, porque a imagem é imediatamente «comunicante», se não significante.

semantização universal dos usos é capital: traduz o facto de só haver real inteligível e deve por fim levar-nos a confundir sociologia e socio-lógica ([32]). Mas, uma vez constituído o signo, a sociedade pode facilmente refuncionalizá-lo, falar dele como de um objecto de uso: pode-se considerar um casaco de peles como se só servisse para proteger do frio; esta funcionalização recorrente, que tem necessidade de uma linguagem segunda para existir, não é semelhante à primeira funcionalização (aliás puramente ideal): a função que é representada corresponde a uma segunda instituição semântica (disfarçada), que é da ordem da conotação. Portanto a função-signo tem — provavelmente — um valor antropológico, visto que é precisamente a unidade onde se estabelecem as relações entre o técnico e o significante.

II.2. *O Significado*

II.2.1. Em linguística, a natureza do significado provocou discussões que versaram sobretudo o seu grau de «realidade»; no entanto, todas insistem no facto de que o significado não é «uma coisa» mas uma representação psíquica da «coisa»; vimos que, na definição de signo de Wallon, este carácter representativo constituía um traço pertinente do signo e do símbolo (por oposição ao índice e ao sinal); o próprio Saussure marcou bem a natureza psíquica do significado chamando-lhe *conceito*: o significado da palavra *boi* não é o animal *boi*, mas a sua imagem psíquica (isto é importante para seguir a discussão sobre a natureza do signo ([33])). No entanto estas discussões

---

([32]) Cf. R. Barthes, «A propos de deux ouvrages récents de C. Lévi-Strauss: Sociologie et Socio-Logique», in *Information sur les sciences sociales* (Unesco), Vol. 1, n.° 4, Dez. 1962, pp. 114-22.

([33]) Cf. II.4.2.

ainda estão marcadas pelo psicologismo; talvez seja preferível seguirmos a análise dos Estóicos([34]); estes faziam uma distinção cuidadosa entre a φαντασι αλογιχή (a representação psíquica), o τυγχανόν (a coisa real) e o λεχτὸν (o «dizível»); o significado não é a φαντασια, nem o τυγχανόν, mas sim o λεχτὸν; nem acto de consciência nem realidade, o significado só pode ser definido no interior de um processo de significação, de uma maneira quase tautológica: é esse «qualquer coisa» que aquele que utiliza o signo entende por ele. Voltamos assim justamente a uma definição puramente funcional: o significado é um dos dois *relata* do signo; a única diferença que o opõe ao significante é que este é um mediador. No essencial, a situação não pode ser muito diferente em semiologia, onde objectos, imagens, gestos, etc., contanto que sejam significantes, remetem para qualquer coisa que só se pode dizer através deles, com a diferença de que os signos da língua podem tomar a seu cargo o significado semiológico; dizemos, por exemplo, que uma certa camisola significa «*os longos passeios de Outono nos bosques*»; neste caso, o significado não está apenas mediatizado pelo seu significante relativo ao vestuário (*a camisola*), mas também por um fragmento de fala (o que é uma grande vantagem para o manejarmos); podemos dar o nome de *isologia* ao fenómeno pelo qual a língua «cola» de um modo indiscernível e indissociável os seus significantes aos seus significados, de forma a salvaguardar o caso dos sistemas não-isólogos (sistemas fatalmente complexos), em que o significado pode estar simplesmente *justaposto* ao seu significante.

([34]) Discussão retomada por Borgeaud, Brocker e Lohmann, in *Acta linguistica*, III, 1, 27.

II.2.2. Como classificar os significados? Sabemos que, em semiologia, esta operação é fundamental, porque equivale a destacar a *forma* do conteúdo. No que diz respeito aos significados linguísticos, podemos conceber duas espécies de classificações; a primeira é externa, recorre ao conteúdo «positivo» (e não puramente diferencial) dos conceitos: é o caso dos agrupamentos metódicos de Hallig e Wartburg([35]), e, de um modo mais convincente, dos campos nocionais de Trier e dos campos lexicológicos de Matoré([36]); mas de um ponto de vista estrutural, estas classificações (sobretudo as de Hallig e Wartburg) têm o defeito de ainda se preocuparem demasiado com a *substância* (ideológica) dos significados, e não com a sua *forma*. Para conseguirmos estabelecer uma classificação verdadeiramente formal, é necessário conseguirmos reconstituir oposições de significados e descobrir dentro de cada uma delas um traço pertinente (comutável)([37]); este método foi preconizado por Hjelmslev, Sörensen, Prieto e Greimas; Hjelmslev, por exemplo, decompõe um monema como *«égua»* em duas unidades de sentido, mais pequenas: «cavalo» + «fêmea», unidades que podem comutar e servir para reconstituir por conseguinte novos monemas («porco» + «fêmea» = «porca», «cavalo» + «macho» = «garanhão»); Prieto vê em *«vir»* dois traços comutáveis: «homo» + «masculus»; Sörensen reduz o léxico do parentesco a uma combinação de «primitivos» («pai» = elemento masculino do par, «pai» = ascendente em primeiro grau). Nenhuma destas análises foi ainda desenvolvida([38]). Final-

([35]) R. Hallig e W. Von Wartburg, *Begriffsystem als Grundlage für die Lexicographie,* Berlim, Akademie Verlag, 1952, 40, XXV, 140 p.

([36]) Encontra-se a bibliografia de Trier e Matoré em P. Guiraud, *La Sémantique,* P. U. F. («Que sais-je»), p. 70 sq.

([37]) Foi o que se tentou fazer aqui para *signo* e *símbolo* (II.1.1).

([38]) Exemplos dados por G. Mounin, «Les analyses séman-tiques», in *Cahiers de l'Inst. de science économique appliquée,* Março de 1962, n.º 123.

mente, é preciso lembrar que, para alguns linguistas, os significados não fazem parte da linguística, que só tem de se ocupar dos significantes, e que a classificação semântica está fora das tarefas da linguística ([39]).

II.2.3. A linguística estrutural, apesar do seu avanço, não edificou ainda uma semântica, isto é, uma classificação das *formas* do significado verbal. Portanto é fácil perceber por que é que não podemos propor actualmente uma classificação dos significados semiológicos, excepto se recorrermos a campos nocionais conhecidos. Faremos apenas três observações. A primeira diz respeito ao modo de actualização dos significados semiológicos; estes podem ou não apresentar-se de um modo isológico; no segundo caso, são adoptados, através da linguagem, articulada, quer por uma palavra (*week-end*), quer por um grupo de palavras (*longos passeios no campo*); torna-se assim mais fácil manejá-los visto que o analista não é obrigado a impor-lhes a sua própria linguagem, mas também mais perigoso, porque eles remetem incessantemente para a classificação semântica da própria língua (desconhecida aliás), e não para uma classificação baseada no sistema observado; os significados do vestuário de Moda, mesmo se estiverem mediatizados pela fala do jornal, não se distribuem forçosamente como os significados da língua, visto que também não têm sempre o mesmo «comprimento» (aqui uma palavra, ali uma frase); no primeiro caso, o dos sistemas isológicos, a única materialização do significado é o seu significante típico; portanto só o podemos manusear impondo-lhe uma

([39]) Seria conveniente adoptarmos a partir de agora a distinção proposta por Greimas: *semântico* = referente ao conteúdo; *semiológico* = referente à expressão.

metalinguagem; por exemplo, interrogam-se pessoas sobre a significação que atribuem a uma peça de música, dando-lhes uma lista de significados verbalizados (*angustiada, tempestuosa, sombria, atormentada, etc.*) ([40]), embora na realidade todos estes signos verbais formem um único significado musical, que devíamos designar por uma única marca, que não implicasse nenhum corte verbal nem nenhuma cunhagem metafórica. Não há dúvida de que estas metalinguagens, provenientes, quer do analista, quer do próprio sistema, são inevitáveis, e é isto que ainda torna problemática a análise dos significados ou análise ideológica; é preciso pelo menos situar teoricamente o seu lugar no projecto semiológico. A segunda observação diz respeito à extensão dos significados semiológicos; o conjunto dos significados de um sistema (uma vez formalizado) constitui uma grande função; ora é provável que, de um sistema para outro, as grandes funções semânticas não só comuniquem entre si como ainda correspondam parcialmente; não há dúvida de que a forma dos significados do vestuário é em parte semelhante à dos significados do sistema alimentar, articulando-se ambas com a grande oposição do trabalho e da festa, da actividade e do ócio; portanto é necessário prever uma descrição ideológica total, comum a todos os sistemas com uma mesma sincronia. Por fim — é a terceira observação —, podemos considerar que a cada sistema de significantes (léxicos) corresponde no plano dos significados um corpo de práticas e de técnicas; estes corpos de significados implicam da parte dos consumidores de sistemas (isto é, dos «leitores») saberes diferentes (segundo diferenças de «cultura»), o que explica que uma mesma *lexia* (ou grande unidade de

---

([40]) Cf. R. Frances, *La perception de la musique*, Vrin, 1958, 3.ª parte.

leitura) possa ser decifrada de modo diferente consoante os indivíduos, sem deixar de pertencer a uma certa «língua»; vários léxicos — e portanto vários corpos de significados — podem coexistir num mesmo indivíduo, determinando em cada um leituras mais ou menos «profundas».

II.3. *O Significante*

II.3.1. A natureza do significante sugere, de um modo geral, as mesmas observações que a do significado: é um puro *relatum,* não podemos separar a sua definição da do significado. A única diferença é que o significante é um mediador: a matéria é-lhe necessária; mas esta, por um lado, não lhe é suficiente e, por outro, em semiologia, o significado também pode ser substituído por uma certa matéria: a das palavras. Esta materialidade do significante obriga-nos uma vez mais a fazer a distinção rigorosa entre *matéria* e *substância:* a substância pode ser imaterial (no caso da substância do conteúdo); portanto, só podemos dizer que a substância do significante é sempre material (sons, objectos, imagens). Em semiologia, em que temos de tratar de sistemas mistos que englobam matérias diferentes (som e imagem, objecto e escrita, etc.), é útil reunir todos os signos, *enquanto suportados por uma mesma e única matéria,* sob o conceito de *signo típico:* o signo verbal, o signo gráfico, o signo icónico, o signo gestual, formam cada um um signo típico.

II.3.2. A classificação dos significantes não é mais do que a estruturação propriamente dita do sistema. Trata-se de dividir a mensagem «sem fim», constituída pelo conjunto das mensagens emitidas ao nível do *corpus* estudado, em unidades mínimas de significação por meio do método das comutações([41]), de agrupar essas unidades em classes paradigmáticas e de classificar as relações sintagmáticas que ligam essas unidades. Estas operações constituem uma parte importante do empreendimento semiológico, que vamos estudar no capítulo III; só as citamos aqui para não serem esquecidas([42]).

II.4. *A Significação*

II.4.1. O signo é uma talhada (bi-face) de sonoridade, de visualidade, etc. A *significação* pode ser concebida como um processo; é o acto que une o significante ao significado, acto cujo produto é o signo. É evidente que essa distinção só tem um valor classificador (e não fenomenológico): primeiro porque a união do significante e do significado, como havemos de ver, não esgota o acto semântico, visto que o signo vale também pelo que o rodeia; depois, porque o espírito, para significar, não procede por conjunção, mas, como se há-de ver, por corte([43]): na verdade, a significação (*semiosis*) não une seres unilaterais, não aproxima dois termos, pela simples razão de que o significante e o significado são, cada um por sua vez, termo e relação([44]). Esta ambiguidade dificulta a representação gráfica da significação, necessária no entanto ao discurso semiológico. Sobre este ponto, observem-se as seguintes tentativas:

1) $\frac{Se}{So}$ Em Saussure, o signo apresenta-se, demonstrativamente, como a extensão vertical de uma situação *pro-*

([41]) Cf. II.2.3.
([42]) Cf. cap. III (Sistema e Sintagma).
([43]) Cf. II.5.2.
([44]) Cf. R. Ortigues, *Le discours et le symbole*, Aubier, (1962).

funda: na língua, o significado está de certa maneira atrás do significante e só pode ser atingido através deste, embora, por um lado, estas metáforas, demasiado espaciais, não alcancem a natureza dialéctica da significação e, por outro, o fechamento do signo só seja aceitável para os sistemas francamente descontínuos, como a língua.

2) *E R C.* Hjelmslev preferiu uma representação puramente gráfica: há relação (*R*) entre o plano de expressão (*E*) e o plano de conteúdo (*C*). Esta fórmula permite dar conta, com economia e sem falsificações metafóricas, das metalinguagens ou sistemas despegados: *E R (ERC)* ([45]).

3) $\frac{S}{s}$ Lacan, retomado por Laplanche e Leclaire ([46]), utiliza um grafismo espacializado que todavia se distingue da representação saussuriana em dois pontos: 1) o significante (*S*) é global, constituído por uma corrente com níveis múltiplos (corrente metafórica): significante e significado mantêm uma relação flutuante e só «coincidem» em certos pontos de ancoragem; 2) o traço de separação entre o significante (S) e o significado (s) tem uma valor próprio (que não tinha evidentemente em Saussure): representa o recalcamento do significado.

4) Se ≡ So. Por fim, nos sistemas não isólogos (isto é, em que os significados estão materializados através dum outro sistema), é evidentemente lícito desenvolver a relação sob a forma de uma equivalência (≡), mas não de uma identidade (=).

II.4.2. Vimos que tudo o que se pode dizer do significante é que é um mediador (material) do significado.

([45]) Cf. cap. IV.

([46]) J. Laplanche e S. Leclaire, «L'inconscient», in *Temps Modernes*, n.º 183, Julho de 1963, pp. 81 sq.

Qual é a natureza dessa mediação? Em linguística, este problema provocou uma discussão: discussão sobretudo terminológica, porque no fundo as coisas são bastante claras (talvez não o sejam tanto em semiologia). Partindo do facto de que, na linguagem humana, a escolha dos sons não nos é imposta pelo sentido em si (*boi* não obriga em nada ao som *boi*, visto que esse som é diferente noutras línguas), Saussure tinha falado de uma relação *arbitrária* entre o significante e o significado. Benveniste contestou esta palavra ([47]); o que é arbitrário é a relação entre o significante e a «coisa» significada (entre o som *boi* e o animal *boi*); mas, como vimos, para o próprio Saussure, o significado não é «a coisa», mas sim a representação psíquica da coisa (*conceito*); a associação do som e da representação é fruto de uma educação colectiva (por exemplo, da aprendizagem da língua portuguesa); essa associação — que é a significação — não é arbitrária (nenhum português a pode modificar), pelo contrário é necessária. Portanto propôs-se que se dissesse que em linguística a significação é *imotivada;* aliás, é uma imotivação parcial (Saussure fala de uma analogia relativa): do significado ao significante, há uma certa motivação no caso (restrito) das onomatopeias, como havemos de ver, e cada vez que uma série de signos é estabelecida pela língua por imitação de um certo protótipo de composição ou de derivação — é o caso dos signos ditos proporcionais: *macieira, pereira, cerejeira,* etc., uma vez estabelecida a imotivação do seu radical e do seu sufixo, apresentam uma analogia de composição. Dizemos pois de uma maneira geral que na língua o vínculo entre o significante e o significado é contratual no seu princípio,

([47]) E. Benveniste, «Nature du signe linguistique», *Acta linguistica,* I, 1939.

mas que esse contrato é colectivo, inscrito numa longa naturalidade (Saussure diz que «a língua é sempre uma herança»), e por conseguinte de certo modo *naturalizado;* do mesmo modo, Lévi-Strauss precisa que o signo linguístico é arbitrário *a priori* mas não arbitrário *a posteriori.* Esta discussão leva a prever dois termos diferentes, úteis na altura da extensão semiológica: dizemos que um sistema é arbitrário quando os seus signos são estabelecidos não por contrato mas por decisão unilateral: na língua o signo não é arbitrário mas é-o na Moda; e que um signo é *motivado* quando a relação entre o seu significado e o seu significante é analógica (Buyssens propôs para os signos motivados: *semas intrínsecos,* e para os signos imotivados: *semas extrínsecos*); portanto, podemos ter sistemas arbitrários e motivados; outros, não arbitrários e imotivados.

II.4.3. Em linguística, a motivação está circunscrita ao plano parcial da derivação ou da composição; mas põe problemas mais gerais à semiologia. Por um lado é possível que, fora da língua, se encontrem sistemas fortemente motivados, e então é preciso estabelecer o modo como a analogia é compatível com o descontínuo que até agora parece necessário para a significação; e em seguida como é que se podem estabelecer séries paradigmáticas (portanto com termos pouco numerosos e finitos), quando os significantes são *analoga*: é sem dúvida o caso das «imagens», cuja semiologia, por causa disso, está ainda por estabelecer; por outro lado, é muito provável que o inventário semiológico revele a existência de sistemas impuros, que comportam motivações muito fracas ou motivações penetradas, se assim podemos dizer, por imotivações secundárias, como se o signo se entregasse, muitas vezes, a uma espécie de conflito entre o motivado e o imotivado; é já um pouco o caso da zona mais «motivada» da língua, a zona das onomatopeias; Martinet observou([48]) que a motivação onomatopaica era acompanhada por uma perda da dupla articulação (*ai,* que releva apenas da segunda articulação, substitui o sintagma duplamente articulado: *isto magoa-me*); no entanto a onomatopeia da dor não é exactamente a mesma em português (*ai*) e em dinamarquês (*au*), por exemplo; é porque na realidade a motivação se submete de certa maneira a modelos fonológicos, diferentes evidentemente segundo as línguas: há impregnação do analógico pelo digital. Fora da língua, os sistemas problemáticos, como a «linguagem» das abelhas, apresentam a mesma ambiguidade: as danças de colheita têm um valor vagamente analógico; a dança de início de voo é francamente motivada (orientação da colheita), mas a dança desassossegada em forma de 8 é completamente imotivada (remete para uma distância) ([49]). Por fim, último exemplo destas «ambiguidades» ([50]), algumas marcas comerciais utilizadas pela publicidade são constituídas por figuras perfeitamente «abstractas» (não analógicas); no entanto podem «produzir» uma certa impressão (por exemplo, a «potência»), que mantém uma relação de afinidade com o significado: a marca Berliet (um círculo cheio de flechas) não «copia» em nada a potência — aliás, como é que se pode «copiar» a potência? mas no entanto sugere-a através de uma analogia latente; encontramos a mesma ambiguidade nos signos de algumas escritas ideográficas (o chinês, por exemplo). O encontro do

---

([48]) A. Martinet, *Économie des changements phonétiques,* Franck, 1955, 5, 6.

([49]) Cf. G. Mounin, «Communication linguistique humaine et communication non-linguistique animale», in *Temps Modernes,* Abril-Maio, 1960.

([50]) Outro exemplo: o código da estrada.

analógico e do não analógico parece pois indiscutível, mesmo no seio de um sistema único. No entanto, a semiologia não se pode contentar com uma descrição que reconhece o compromisso sem o procurar sistematizar, pois não pode admitir um diferencial contínuo, visto que o sentido, como veremos, é articulação. Estes problemas ainda não foram estudados em pormenor e não podemos dar deles uma visão geral. Contudo, compreende-se a economia — antropológica — da significação: na língua, por exemplo, a motivação (relativa) introduz uma certa ordem ao nível da primeira articulação (significativa): aqui o «contrato» está sustentado por uma certa naturalização desse arbitrário apriorístico de que fala Lévi-Strauss; outros sistemas, pelo contrário, podem ir da motivação para a imotivação: por exemplo, o funcionamento das estatuetas rituais de iniciação dos Senufo, citado por Lévi-Strauss em *Pensamento Selvagem*. Portanto, é provável que ao nível da semiologia mais geral, de ordem antropológica, se estabeleça uma espécie de *circularidade* entre o analógico e o imotivado: há uma dupla tendência (complementar) para naturalizar o imotivado e intelectualizar o motivado (isto é, culturalizá-lo). Por fim, alguns autores afirmam que o próprio digitalismo, que é o rival do analógico, sob a sua forma pura, o binarismo, é em si mesmo uma «reprodução» de certos processos fisiológicos, se é certo que a visão e o ouvido funcionam decididamente por meio de selecções alternativas([51]).

([51]) Cf. III.3.5.

II.5. *O Valor*

II.5.1. Disse-se, ou pelo menos deu-se a entender, que tratar do signo «em si», como única união do significante e do significado, era uma abstracção bastante arbitrária (mas inevitável). Para concluirmos, é necessário abordarmos o signo, não já pela sua «composição», mas pelas suas «imediações»: o problema do valor. Saussure não viu logo a importância desta noção, mas, a partir do segundo *Curso de Linguística Geral*, dedicou-lhe uma reflexão cada vez mais profunda, e o valor tornou-se para ele um conceito essencial, mais importante por fim que o de significação (que não abrange). O valor está estreitamente relacionado com a noção de língua (oposta à fala); leva a despsicologizar a linguística e a aproximá-la da economia; portanto, é central em linguística estrutural. Na maior parte das ciências, observa Saussure ([52]), não há dualidade entre diacronia e sincronia: a astronomia é uma ciência sincrónica (embora os astros mudem); a geologia é uma ciência diacrónica (embora possa estudar estados fixos); a história é sobretudo diacrónica (sucessão dos acontecimentos), embora possa deter-se em certos «quadros» ([53]). No entanto existe uma ciência em que essa dualidade se impõe em partes iguais: a economia (a economia política distingue-se da história económica); o mesmo se passa, prossegue Saussure, com a linguística; é que temos de abordar, em ambos os casos, um sistema de equivalência

([52]) Saussure, *Cours de Linguistique Générale,* p. 115 [*Curso de Liguística Geral*, Lisboa, Dom Quixote].

([53]) Será necessário lembrar que, desde Saussure, a História descobriu também a importância das estruturas sincrónicas? Economia, linguística, etnologia e história formam actualmente um *quadrivium* de ciências-piloto.

entre duas coisas diferentes: um trabalho e um salário, um significante e um significado (este é o fenómeno a que até agora temos chamado *significação*); no entanto, tanto em linguística como em economia, esta equivalência não é solitária, porque se modificarmos um dos seus termos todo o sistema se modifica gradualmente. Para que haja signo (ou «valor» económico) é necessário por um lado podermos *trocar* coisas dissemelhantes (um trabalho e um salário, um significante e um significado), e, por outro, *comparar* coisas similares entre si: podemos trocar uma nota de 20 por pão, sabão ou cinema, mas também podemos comparar essa nota com notas de 50, de 100, etc.; do mesmo modo, uma «palavra» pode ser «trocada» por uma ideia (isto é, por algo de dissemelhante) mas também pode ser comparada com outras «palavras» (isto é, com algo de similar): em inglês, *mutton* tira o seu valor da coexistência com *sheep*; o sentido só fica verdadeiramente fixo depois desta dupla determinação: significação e valor. Portanto o valor não é a significação: ele provém, diz Saussure([54]), «da situação recíproca das peças da língua»; é mesmo mais importante do que a significação: «o que há de ideia ou de matéria fónica num signo tem menos importância do que o que existe à volta dele nos outros signos» ([55]), frase profética, se pensarmos que instaurava já a homologia lévi-straussiana e o princípio das taxinomias. Depois de termos distinguido, como Saussure, significação e valor, percebemos logo que, se retomarmos os *strata* de Hjelmslev (substância e forma), a significação participa da substância do conteúdo e o valor da sua

([54]) Saussure, in R. Godel, *op. cit.*, p. 90.

([55]) *Ibid.*, p. 166. — Saussure pensa evidentemente na comparação dos signos, não no plano da sucessão sintagmática, mas no das reservas virtuais paradigmáticas, ou campos associativos.

forma (*mutton* e *sheep* estão numa relação paradigmática, *enquanto significados*, e não enquanto significantes).

II.5.2. Para dar conta do duplo fenómeno de *significação* e de *valor,* Saussure utilizava a imagem de uma folha de papel: cortando-a, obtemos por um lado diversos fragmentos (A, B, C), cada um dos quais tem um *valor* em relação aos seus vizinhos, e por outro lado cada um desses fragmentos tem um verso e um reverso, *que foram cortados ao mesmo tempo* (A-A', B-B', C-C'): é a *significação.* Esta imagem é fundamental, porque leva a conceber a produção do sentido de uma forma original, já não apenas como a correlação entre um significante e um significado, mas talvez mais essencialmente como *um acto de corte simultâneo* de duas massas amorfas, de dois «reinos flutuantes», como diz Saussure; com efeito Saussure imagina que, na origem (puramente teórica) do sentido, as ideias e os sons formam duas massas flutuantes, escorregadias, contínuas e paralelas, de substâncias; o sentido intervém quando cortamos ao mesmo tempo, com um só golpe, essas duas massas: os signos (assim produzidos) são portanto *articuli*; entre estes dois caos, o sentido é uma ordem, mas essa ordem é essencialmente *divisão*: a língua é um objecto intermediário entre o som e o pensamento — consiste em *uni-los um ao outro decompondo-os simultaneamente*; e Saussure propõe outra imagem: significado e significante são como duas camadas sobrepostas, uma de ar e outra de água; quando se altera a pressão atmosférica, a camada de água divide-se em vagas: do mesmo modo, o significante está dividido em *articuli.* Estas imagens, tanto a da folha de papel como a das vagas, permitem insistir num facto capital (para a sequência das análises semiológicas): a língua é o domínio das *articulações,* e o sentido antes de tudo é corte. Portanto, a tarefa futura da semiologia não é tanto estabelecer léxicos de objectos como encontrar as articulações a que os homens submetem o real; diremos utopicamente que a semiologia e a taxinomia, embora ainda não existam, talvez sejam chamadas a absorver-se um dia numa ciência nova, a artrologia ou ciência das partilhas.

III. SINTAGMA E SISTEMA

III.1. *Os dois eixos da linguagem*

III.1.1. Para Saussure([56]), as relações que unem os termos linguísticos podem desenvolver-se em dois planos, criando cada um destes os seus valores próprios; estes dois planos correspondem a duas formas de actividade mental (esta generalização será retomada por Jakobson). O primeiro plano é o dos *sintagmas*; o sintagma é uma combinação de signos, que tem por suporte a extensão; na linguagem articulada, esta extensão é linear e irreversível (é a «cadeia falada»): dois elementos não podem ser pronunciados ao mesmo tempo (*retira, contra todos, a vida humana*): cada termo tira aqui o seu valor da oposição com o que está antes e com o que está depois; na cadeia de palavras, os termos estão unidos realmente *in praesentia*; a actividade analítica que se aplica ao sintagma é o corte. O *segundo plano* é o das *associações* (para conservar ainda a terminologia de Saussure); «Fora do

---

([56]) Saussure, *Cours de Linguistique Générale*, p. 170 sq.

discurso (plano sintagmático), as unidades que têm entre si qualquer coisa de comum associam-se na memória e formam assim grupos em que existem relações diversas»: educação pode associar-se pelo sentido a *ensino, aprendizagem*; pelo som a *educar, reeducar*, ou a *armação, libertação*; cada grupo forma uma série mnemónica, um «tesouro de memória»; em cada série, ao contrário do que se passa ao nível do sintagma, os termos estão unidos *in absentia*; a actividade analítica que se aplica às associações é a classificação. O plano sintagmático e o plano associativo mantêm uma estreita relação, que Saussure exprimiu através da seguinte comparação: cada unidade linguística é semelhante à coluna de um edifício antigo; essa coluna mantém uma relação real de contiguidade com outras partes do edifício, a arquitrave, por exemplo (relação sintagmática); mas, se essa coluna for dórica, somos levados a compará-la com outras ordens arquitecturais, o jónico ou o coríntio; e isso é uma relação virtual de substituição (relação associativa): os dois planos estão de tal modo ligados que o sintagma só pode «avançar» por meio de apelos sucessivos de novas unidades fora do plano associativo. Depois de Saussure, a análise do plano associativo recebeu um considerável desenvolvimento; o seu próprio nome mudou; fala-se actualmente não de plano associativo, mas de plano *paradigmático*([57]) ou ainda, como faremos aqui a partir de agora, de plano *sistemático*: é evidente que o plano associativo está muito ligado à «língua» como sistema, enquanto o sintagma está mais próximo da fala. Podemos recorrer a uma terminologia subsidiária: as relações sintagmáticas são *relações*

([57]) Paradigma: modelo, quadro das flexões de uma palavra dada como modelo, declinação.

para Hjelmslev, *contiguidades* para Jakobson, *contrastes* para Martinet; as relações sistemáticas são *correlações* para Hjelmslev, *similaridades* para Jakobson, *oposições* para Martinet.

III.1.2. Saussure pressentia que o sintagmático e o associativo (isto é, para nós, o sistemático) deviam corresponder a duas formas de actividade mental, o que era já sair da linguística. Jakobson, num texto agora célebre([58]), retomou esta extensão, aplicando a oposição da *metáfora* (ordem do sistema) e da *metonímia* (ordem do sintagma) a linguagens não linguísticas: portanto temos «discursos» de tipo metafórico e «discursos» de tipo metonímico; cada tipo não implica evidentemente o recurso exclusivo a um dos dois modelos (visto que sintagma e sistema são necessários a qualquer discurso), mas apenas a predominância de um ou de outro. À ordem da metáfora (predominância das associações substitutivas) pertencem os cantos líricos russos, as obras do romantismo e do simbolismo, a pintura surrealista, os filmes de Charlie Chaplin (os esbatimentos sobrepostos são verdadeiras metáforas fílmicas), os símbolos freudianos do sonho (por identificação); à ordem da metonímia (predominância das associações sintagmáticas) pertencem as epopeias heróicas, as narrativas da escola realista, os filmes de Griffith (grandes planos, montagem e variação dos ângulos de filmagem), e as projecções oníricas por deslocamento ou condensação. À enumeração de Jakobson, podemos acrescentar: no campo da metáfora, as exposições didácticas

---

([58]) R. Jakobson, «Deux aspects du langage et deux types d'aphasie», in *Temps Modernes*, n.º 188, Janeiro de 1962, p. 853 sq., retomado em *Essais de linguistique générale*, éd. de Minuit (1963), cap. 2.

que mobilizam definições substitutivas ([59]), a crítica literária de tipo temático, os discursos aforísticos; no campo da metonímia, os romances populares e as narrativas de imprensa ([60]). Note-se, retomando uma observação de Jakobson, que o analista (na ocorrência, o semiólogo) está mais bem apetrechado para falar da metáfora do que da metonímia, porque a metalinguagem através da qual tem de conduzir a sua análise é em si mesma metafórica e por conseguinte homogénea à metáfora-objecto: com efeito, há uma grande abundância de literatura sobre a metáfora, mas quase nada sobre a metonímia.

III.1.3. A proposta de Jakobson sobre os discursos com predominância metafórica e com predominância metonímica inicia uma passagem da linguística à semiologia. Com efeito, os dois planos da linguagem articulada devem encontrar-se em sistemas de significação diferentes da linguagem. Embora as unidades do sintagma, resultantes de uma operação de corte, e as listas de oposições, resultantes de uma classificação, não possam ser definidas *a priori,* mas só depois de uma experiência geral de comutação dos significantes e dos significados, é possível indicarmos para alguns sistemas semiológicos o plano do sintagma e o do sistema, sem conjecturarmos ainda sobre as unidades sintagmáticas, e por conseguinte sobre as variações paradigmáticas a que dão lugar (ver quadro à frente). São estes os dois eixos da linguagem, e o essencial da análise semiológica consiste em distribuir os

---

([59]) Trata-se de uma polarização muito geral, pois, com efeito, não se pode confundir a metáfora e a definição (Cf. R. Jakobson, *Essais de linguistique générale*, *op. cit.*, p. 220).

([60]) Cf. R. Barthes, «L'imagination du signe», *Essais critiques*, Paris, ed. Du Seuil, 1964.

factos inventariados segundo cada um destes eixos. É lógico começarmos o trabalho pelo corte sintagmático, já que em princípio é ele que fornece as unidades que temos de classificar em paradigmas; no entanto, perante um sistema desconhecido talvez seja mais cómodo partir de alguns elementos paradigmáticos determinados empiricamente e estudar o sistema antes do sintagma; mas, como aqui se trata de Elementos teóricos, vamos seguir a ordem lógica, que vai do sintagma para o sistema.

Sistema	*Sintagma*
	Vestuário
Grupo das peças, acrescentos ou detalhes que não podemos usar ao mesmo tempo num mesmo ponto do corpo, e cuja variação corresponde a uma mudança do sentido do vestuário: *gorro/boné/capeline*, etc.	Justaposição num mesmo trajo de elementos diferentes: *saia — blusa — casaco*.
	Alimentação
Grupo de alimentos afins e dissemelhantes do qual escolhemos um prato em função de um certo sentido: as variedades de entradas, de assados, ou de sobremesas.	Encadeamento real dos pratos escolhidos ao longo da refeição: é a ementa.

A «ementa» do restaurante actualiza os dois planos: a leitura horizontal das entradas, por exemplo, corresponde ao sistema; a leitura vertical da ementa corresponde ao sintagma.

Mobiliário	
Grupo das variedades «estilísticas» de um mesmo móvel (uma cama).	Justaposição dos diferentes móveis num mesmo espaço (cama — armário — mesa, etc.).

Arquitectura	
Variações de estilo de um mesmo elemento dum edifício, diferentes formas de coberturas, de varandas, de entradas, etc.	Encadeamento dos pormenores ao nível do conjunto do edificio.

III.2. *O Sintagma*

III.2.1. Vimos (I.1.6.) que a fala (em sentido saussuriano) é de natureza sintagmática, porque, para além das amplitudes de fonação, pode ser definida como uma *combinação* (variada) de signos (recorrentes): a frase falada é o perfeito tipo do sintagma; portanto, o sintagma está indubitavelmente muito próximo da fala: ora, para Saussure, não pode haver uma linguística da fala; a linguística do sintagma será então impossível? Saussure percebeu a dificuldade e teve o cuidado de esclarecer em que é que o sintagma não podia ser considerado um acto de fala: primeiro porque existem sintagmas congelados, que o uso não deixa alterar (*para quê? Vamos a isto*!) e que são subtraídos à liberdade combinatória da fala (estes sintagmas estereotipados tornam-se uma espécie de unidades paradigmáticas); depois porque os sintagmas da fala se constroem segundo formas regulares que pertencem por isso mesmo à língua (*incontrolável* é construído a partir de *imperdoável, infatigável,* etc.): portanto, existe uma *forma* do sintagma (no sentido hjelmsleviano do termo), estudada pela *sintaxe,* que é de certa maneira a versão «glótica» ([61]) do sintagma. Isto não impede que a «proximidade» estrutural do sintagma e da fala seja um facto

([61]) «Glótica»: que pertence à Língua — por oposição à Fala.

importante: porque levanta incessantemente problemas à análise, mas também — inversamente — porque permite explicar estruturalmente certos fenómenos de «naturalização» dos discursos conotados. Portanto, a estreita relação entre o sintagma e a fala não deve ser esquecida.

III.2.2. O sintagma apresenta-se sob uma forma «encadeada» (por exemplo, o fluxo da fala). Ora, como vimos (II.5.2.), o sentido só pode nascer de uma *articulação,* isto é, de uma divisão simultânea da camada significante e da massa significada: a linguagem é de certo modo aquilo que *divide* o real (por exemplo, o espectro contínuo das cores reduz-se verbalmente a uma série de termos descontínuos). Portanto existe, para qualquer sintagma, um problema analítico: o sintagma é simultaneamente contínuo (fluente, encadeado) e no entanto só pode veicular sentido se estiver «articulado».

Como dividir o sintagma? Este problema reaparece perante cada sistema de signos: na linguagem articulada, houve inúmeras discussões sobre a natureza (isto é, na realidade, sobre os «limites») da palavra, e, para alguns sistemas semiológicos, podemos prever aqui grandes dificuldades: é certo que existem sistemas rudimentares de signos fortemente descontínuos: sinais de trânsito, por exemplo, cujos signos, por razões de segurança, têm de estar radicalmente separados para serem imediatamente perceptíveis; mas os sintagmas icónicos, baseados numa representação mais ou menos analógica da cena real, são muito mais difíceis de dividir, e é por isso que estes sistemas estão quase sempre reforçados por uma fala articulada (legenda de uma fotografia) que lhes fornece o descontínuo que eles não têm. Apesar destas dificuldades, a divisão do sintagma é uma operação fundamental, porque dá as unidades paradigmáticas do sistema; em suma, ser constituído por *uma substância que tem de ser dividida* ([62]) é a própria definição do sintagma. O sintagma, sob a forma de *fala,* apresenta-se como um «texto sem fim»: como assinalar nesse texto sem fim as unidades significantes, isto é, os limites dos signos que o constituem?

III.2.3. Em linguística, a divisão do «texto sem fim» faz-se por meio do *método das comutações.* Este conceito operatório já se encontra em Troubetskoy mas foi consagrado com o seu nome actual por Hjelmslev e Uldall, no V Congresso de Fonética de 1936. O método das comutações consiste em introduzir artificialmente uma alteração no plano da expressão (significantes) e em observar se essa alteração provoca uma modificação correlativa do plano do conteúdo (significados); trata-se em suma de criar uma homologia arbitrária, isto é, um duplo paradigma, sobre um ponto do «texto sem fim», para verificar se a substituição recíproca de dois significantes provoca *ipso facto* a substituição recíproca de dois significados; se a comutação dos dois significantes produzir uma comutação dos significados, temos a certeza de que o fragmento do sintagma submetido à experiência é uma unidade sintagmática: o primeiro signo foi isolado. É evidente que a operação pode ser conduzida reciprocamente do ponto de vista dos significados: se, por exemplo, num substantivo grego, substituirmos a ideia de «vários» pela de «dois», obtemos uma mudança da expressão e isolamos assim o elemento que muda (marca do dual e marca do plural).

([62]) B. Mandelbrot conseguiu confrontar justamente a evolução da linguística com a da teoria dos gases, *do ponto de vista do descontínuo* («Linguistique statistique macroscopique» in *Logique, Langage et Théorie de l'Information,* P. U. F., 1957).

No entanto, certas mudanças não provocam nenhuma modificação no plano adverso; por isso, Hjelmslev([63]) distingue a *comutação,* geradora de uma mudança do sentido (*asa/assa*), da *substituição,* que muda a expressão, e não o conteúdo, nem reciprocamente (*assim/achim*). É preciso notar que a comutação geralmente atinge primeiro o plano dos significantes, visto que se trata de dividir o sintagma; o apelo aos significados existe, mas é puramente formal: o significado não é chamado por si mesmo em virtude da sua «substância», mas como simples índice do significante: *situa* o significante, e é tudo; por outras palavras, no método das comutações, fazemos intervir a *forma do* significado (o seu valor oposicional em relação a outros significados), mas não a sua substância: «utiliza-se a diferença das significações, vista que as significações em si mesmas não têm importância» *(Belevitch)* ([64]). Em princípio, o método das comutações permite assinalar gradualmente as unidades significativas de que é composto o sintagma, preparando assim a classificação dessas unidades em paradigmas; é evidente que, na linguagem, essa classificação só é possível porque o analista tem um certo conhecimento do sentido da língua analisada. No entanto, em semiologia, podemos encontrar sistemas cujo sentido é desconhecido ou indeterminado: quem é que pode garantir que, quando passamos do pão grosseiro ao pão de primeira ou da boina ao boné, passamos de um significado a outro? Aqui o semiólogo dispõe na maior parte das vezes de instituições-reserva ou metalinguagens que lhe fornecem os significados de que tem necessidade para comutar: o artigo gastronómico ou a revista de moda

([63]) L. Hjelmslev, *Essais linguistiques,* p. 103.

([64]) *Langage des machines et langage humain,* Hermann, 1956, p. 91.

(encontramos aqui a vantagem dos sistemas não-isólogos); senão precisava de observar mais pacientemente a constância de certos retornos, como uma linguista ao encontrar-se perante uma língua desconhecida.

III.2.4. Em princípio([65]), o método das comutações fornece unidades significativas, isto é, fragmentos de sintagmas dotados de um sentido necessário; por agora, são ainda *unidades sintagmáticas,* visto que ainda não os classificámos: mas é certo que também são já unidades sistemáticas, porque cada uma delas faz parte de um paradigma virtual.

Sintagma ⟶	a	b	c	etc.
↑	a'	b'	c'	
│	a''	b''	c''	
Sistema				

Por agora vamos observar estas unidades apenas do ponto de vista sintagmático. Em linguística, o método das comutações fornece um primeiro tipo de unidades: as *unidades significativas,* sendo cada uma dotada de uma face significante e de uma face significada (os monemas, ou, com um termo mais aproximativo, as palavras, compostas em si mesmas por lexemas e morfemas); mas, por causa da dupla articulação da linguagem humana, uma segunda aplicação do método das comutações, desta vez tendo por objecto os monemas, faz aparecer um segundo tipo de unidades: as unidades distintivas (os fonemas) ([66]).

([65]) Em princípio, porque é necessário salvaguardar o caso das unidades distintivas da segunda articulação, cf. *infra,* o mesmo parágrafo.
([66]) Cf. II.1.2.

Estas unidades não têm sentido em si, mas contribuem para o sentido, visto que a comutação de uma delas provoca no monema de que faz parte uma mudança de sentido (a comutação de *s* áspero em *s* suave provoca a passagem de «posse» a «pose»)([67]). Em semiologia, não podemos fazer conjecturas sobre as unidades sintagmáticas que a análise irá descobrir para cada sistema. Aqui vamos apenas prever três espécies de problemas. O primeiro diz respeito à existência de sistemas complexos, e portanto de sintagmas combinados: um sistema de objectos, como a alimentação ou o vestuário, pode ser substituído por um sistema propriamente linguístico (a língua portuguesa); temos neste caso um sintagma escrito (a cadeia falada) e um sintagma relativo ao vestuário ou à alimentação *visado* pelo sintagma escrito (o trajo ou a ementa descritos pela língua): as unidades dos dois sintagmas não coincidem forçosamente — uma unidade do sintagma relativo à alimentação ou ao vestuário pode ser produzida por um conjunto de unidades escritas. O segundo problema é levantado pela existência, nos sistemas semiológicos, de *funções-signos*, isto é, de signos provenientes de um uso e ao mesmo tempo racionalizados por ele([68]); ao contrário da linguagem humana, em que a substância fónica é imediatamente significante e é apenas significante, a maior parte dos sistemas semiológicos comporta indubitavelmente uma matéria que não serve só para significar (o pão serve para alimentar, o vestuário para proteger); portanto podemos calcular que, nestes sistemas, a unidade sintagmática seja compósita e contenha pelo menos um suporte da

---

([67]) O problema do corte sintagmático das unidades significativas foi abordado de uma forma nova por A. Martinet no cap. IV dos seus *Éléments*.

([68]) Cf. II.1.4.

significação e uma variante propriamente dita (*saia comprida/ /curta*). Por fim, não podemos excluir a hipótese de encontrarmos sistemas de certo modo «erráticos», em que os espaços inertes de matéria suportam em vários lugares signos não só descontínuos mas ainda separados: os sinais do código da estrada «em acção» estão separados por grandes espaços insignificantes (fragmentos de estradas ou de ruas); podemos então falar de sintagmas (provisoriamente) mortos([69]).

III.2.5. Uma vez definidas as unidades sintagmáticas para cada sistema, falta descobrir as regras que presidem à sua combinação e à sua ordenação ao longo do sintagma: os monemas na linguagem, as peças de vestuário num trajo, os pratos numa ementa, os sinais de trânsito ao longo de uma estrada, sucedem-se numa ordem que continua submetida a certas obrigações: a combinação dos signos é livre, mas a liberdade de que gozam, e que constitui a «fala», continua a ser uma liberdade limitada (e é por isso que, uma vez mais, não se deve confundir o sintagma com a sintaxe). De facto, a ordenação é a própria condição do sintagma: «o sintagma é um grupo qualquer de signos heterofuncionais; é sempre (pelo menos) binário e os seus dois termos estão numa relação de condicionamento recíproco» (Mikus)([70]). Podemos imaginar vários modelos de combinações obrigatórias (de «lógica» do signo); vamos citar aqui, a título de exemplo, os três tipos de relação que, segundo Hjelmslev, duas unida-

---

([69]) Talvez o caso geral dos signos de conotação (*infra*, cap. IV).

([70]) Falando por alto, uma exclamação (*oh*) pode parecer constituir um sintagma com uma unidade simples, mas, de facto, a fala tem de ser aqui reintegrada no seu contexto: a exclamação é a resposta a um sintagma «silencioso» (cf. K. L. Pike, *Language in Relation to a Unified Theory of the Structure of Human Behaviour,* Glendale, 1951).

des sintagmáticas podem contrair quando estão contíguas: 1) de *solidariedade,* quando se implicam necessariamente uma à outra; 2) de *implicação simples,* quando uma implica a outra (mas não reciprocamente); 3) de *combinação,* quando nenhuma implica a outra. As combinações obrigatórias são fixadas pela «língua», mas a «fala» preenche-as de modos diversos: portanto subsiste uma certa liberdade de associação das unidades sintagmáticas. Para a linguagem, Jakobson fez notar que o locutor goza de uma crescente liberdade de combinação das unidades linguísticas, desde o fonema até à frase: a liberdade de construir paradigmas de fonemas é nula porque neste caso o código é estabelecido pela língua; a liberdade de reunir fonemas em monemas é limitada, porque há «leis» de criação das palavras; a liberdade de combinar «palavras» em frases é real, embora circunscrita pela sintaxe e eventualmente pela submissão a estereótipos; a liberdade de combinar frases é a maior possível porque já não existem obrigações ao nível da sintaxe (as obrigações de coerência mental do discurso que podem subsistir já não são de ordem linguística). É evidente que a liberdade sintagmática está ligada ao aleatório: há probabilidades de saturação de certas formas sintácticas por certos conteúdos; o verbo *ladrar* só pode ser saturado por um reduzido número de sujeitos; inserida num trajo, a saia é fatalmente «saturada» por uma blusa, uma camisola, ou um casaco, etc.; este fenómeno de saturação chama-se *catálise;* podemos imaginar um léxico puramente formal que produzisse, não o sentido de cada palavra, mas o conjunto das outras palavras que poderiam catalisá-la segundo probabilidades evidentemente variáveis, das quais a mais pequena corresponderia a uma zona «poética» da fala (Valle Inclan: «Infeliz daquele que não tem a coragem de juntar duas palavras que nunca foram reunidas anteriormente»).

III.2.6. Uma observação de Saussure indica que a língua é possível porque os signos se repetem (cf. I.1.3.); com efeito, ao longo da cadeia sintagmática encontramos um certo número de unidades idênticas; todavia, a repetição dos signos é corrigida por fenómenos de *distância* entre as unidades idênticas. Este problema introduz a linguística estatística ou macrolinguística, que é essencialmente uma linguística do sintagma, sem recurso ao sentido; vimos como o sintagma estava próximo da fala: a linguística estatística é uma linguística das falas (Lévi-Strauss). No entanto, a distância sintagmática dos signos idênticos não é apenas um problema de macrolinguística; esta distância pode ser apreciada em termos estilísticos (uma repetição demasiado próxima é esteticamente proibida ou teoricamente recomendada) e torna-se então um elemento do código de conotação.

III.3. *O Sistema*

III.3.1. O sistema constitui o segundo eixo da linguagem. Saussure viu-o sob a forma de uma série de *campos associativos,* uns determinados por uma afinidade de som (*ensinamento, armamento*), outros por uma afinidade de sentido (*ensinamento, educação*). Cada campo é uma reserva de *termos* virtuais (visto que só um deles é que é actualizado no discurso presente): Saussure insiste na palavra *termo* (que substitui *palavra,* unidade de ordem sintagmática), porque, precisa ele, *logo que dizemos «termo» em vez de «palavra», evoca-se a ideia de sistema* ([71]);

([71]) Saussure citado por R. Godel, *Les sources manuscrites du Cours de Linguistique Générale de F. de Saussure,* Droz-Minard, 1957, p. 90.

com efeito, a atenção dada ao sistema no estudo de qualquer conjunto de signos atesta sempre mais ou menos uma filiação saussuriana; a escola bloomfieldiana, por exemplo, evita considerar as relações associativas, enquanto A. Martinet, no campo oposto, recomenda que se distingam bem os *contrastes* (relações de contiguidade das unidades sintagmáticas) das *oposições* (relações dos termos do campo associativo) ([72]). Os termos do campo (ou paradigma) devem ser simultaneamente semelhantes e dissemelhantes, comportar um elemento comum e um elemento variável: é o caso, no plano do significante, de *ensinamento* e *armamento,* e, no plano do significado, de *ensinamento* e *educação.* Esta definição dos termos em oposição parece simples; no entanto levanta um problema teórico importante; o elemento comum aos termos de um paradigma (*-mento* em *ensinamento e armamento*) tem efectivamente o aspecto de um elemento positivo (não diferencial) e este fenómeno parece estar em contradição com as repetidas declarações de Saussure sobre a natureza puramente diferencial, opositiva, da língua: «Na Língua só há diferenças sem termos positivos» ([73]), «Considerar (os sons) não como sons que têm um valor absoluto, mas sim um valor puramente opositivo, relativo, negativo... Nesta verificação, é preciso ir muito mais longe e considerar qualquer valor da língua como opositivo, e não como positivo absoluto» ([74]); e isto, também de Saussure, que é ainda mais claro: «É um traço da língua, como de qualquer sistema semiológico, em geral, o não poder haver

---

([72]) A. Martinet, *Économie des changements phonétiques,* Berna, Francke, 1955, p. 22.
([73]) Saussure, citado por Godel, *op. cit.*, p. 55.
([74]) *Ibid.*, p. 196.

nela nenhuma diferença entre o que distingue uma coisa e o que a constitui». Se a língua é pois puramente diferencial, como é que pode comportar elementos não diferentes, positivos? De facto, aquilo que parece ser o elemento comum de um paradigma, é *noutro lugar,* num outro paradigma, isto é, *segundo uma outra pertinência*, um termo puramente diferencial: falando por alto, na oposição entre *se* e *si*, o *s* é um elemento comum (positivo), mas em *se/te* torna-se um elemento diferencial: logo, é a pertinência que, ao limitar a declaração de Saussure, lhe conserva a sua exactidão ([75]); o sentido depende sempre de uma relação *aliud/aliud* que de duas coisas só retém a sua diferença ([76]). No entanto, este dispositivo é discutível (apesar de tudo o que Saussure pensou) nos sistemas semiológicos em que a matéria não é significante desde a origem, e em que por conseguinte as unidades compreendem (provavelmente) uma parte positiva (é o *suporte* da significação) e uma parte diferencial, a variante; num *vestido comprido/curto*, o sentido relativo ao vestuário impregna todos os elementos (e nisso trata-se realmente de uma unidade significante), mas o paradigma só apreende o elemento final (*comprido/curto*), enquanto que o *vestido* (suporte) continua a ser de facto um valor positivo. Portanto a natureza absolutamente diferencial da língua só é provável para a linguagem articulada; nos sistemas secundários (derivados de usos não significantes), a língua é de certo modo «impura»: é certo que compreende algo

---

([75]) Cf. a análise de H. Frei dos fonemas em subfonemas, II.1. 2.

([76]) O fenómeno é evidente à escala de um dicionário (monolingue): o dicionário parece dar uma definição positiva de uma palavra; no entanto, como esta definição é ela própria composta por palavras que também precisam de ser explicadas, a positividade é constantemente remetida para outro lugar (Cf. J. Laplanche e S. Leclaire, l'«Inconscient» in *Temps Modernes*, n.º 183, Julho de 1961).

de diferencial (da «língua» pura) ao nível das variantes, mas também algo de positivo, ao nível dos suportes.

III.3.2. A organização interna dos termos de um campo associativo ou paradigma chama-se vulgarmente — pelo menos em linguística e mais precisamente em fonologia — uma oposição; não é uma denominação muito boa, porque por um lado pressupõe demasiado o carácter antonímico da relação paradigmática (Cantineau teria preferido *relação,* e Hjelmslev *correlação)* e, por outro, parece conotar uma relação binária que não podemos afirmar estar na base de todos os paradigmas semiológicos. No entanto conservaremos a palavra tal como a recebemos. Os tipos de oposições, como havemos de ver, são muito variados; mas, nas suas relações com o plano do conteúdo, qualquer relação apresenta sempre a figura de uma *homologia,* como já indicámos a propósito do método das comutações: o «salto» de um termo da oposição para outro acompanha o «salto» de um significado para outro; é para respeitar o carácter diferencial do sistema que é sempre necessário pensar a relação entre os significantes e os significados em termos, não de analogia simples, mas de homologia com (pelo menos) quatro termos.

Por outro lado, o «salto» de um termo para o outro é duplamente alternativo: a oposição entre *bilha* e *pilha,* embora ínfima (b/p), não pode ser dividida em estados fluidos intermediários; um som aproximativo entre o *b* e o *p* nunca pode remeter para uma substância intermédia entre a *bilha* e a *pilha:* há dois saltos paralelos — a oposição está sempre colocada no regime de *tudo ou nada*; encontramos aqui o princípio de diferença que fundamenta as oposições: é este princípio que deve inspirar a análise da esfera associativa; com efeito, estudar as oposições só pode ser observar as relações de semelhança e de diferença que posssam existir entre os termos das oposições, isto é, mais exactamente: classificá-los.

III.3.3. Sabemos que a linguagem humana, por ser duplamente articulada, comporta duas espécies de oposições: as oposições distintivas (entre fonemas) e as oposições significativas (entre monemas). Troubetskoy propôs uma classificação das oposições distintivas que J. Cantineau tentou retomar e estender às oposições significativas da língua. Como à primeira vista as unidades semiológicas estão mais próximas das unidades semânticas da língua do que das suas unidades fonológicas, vamos dar aqui a classificação de Cantineau, porque, embora não se possa aplicar facilmente (em seguida) às oposições semiológicas, tem a vantagem de chamar a atenção para os principais problemas levantados pela estrutura das oposições([77]). À primeira vista, num sistema semântico (e já não fonológico), as oposições são inúmeras, visto que cada significante parece opor-se a todos os outros; no entanto é possível um princípio de classificação, se tomarmos como guia uma *tipologia das relações entre o elemento semelhante e o elemento diferente* da oposição. Cantineau obtém assim os seguintes tipos de oposição — que aliás se podem combinar([78]):

A. OPOSIÇÕES CLASSIFICADAS SEGUNDO AS SUAS RELAÇÕES COM O CONJUNTO DO SISTEMA:

A.1. *Oposições bilaterais e multilaterais.* Nestas oposições, o elemento comum dos dois termos, ou «base de

([77]) *Cahiers Ferdinand de Saussure,* IX, pp. 11-40.
([78]) Todas as oposições dadas por Cantineau são binárias.

comparação», não se encontra em nenhuma das outras oposições do código (*oposições bilaterais*) ou, pelo contrário, encontra-se noutras oposições do código (*oposições multilaterais*). Tomemos o alfabeto latino escrito: a oposição das figuras E/F é bilateral porque o elemento comum F não se encontra em nenhuma outra letra [79]; pelo contrário, a oposição P/R é multilateral porque encontramos a forma P (ou elemento comum) em B.

A.2. *Oposições proporcionais e isoladas*. Nestas oposições, a diferença constitui-se numa espécie de modelo. Assim *Mann/Männer e Land/Länder* são oposições proporcionais; do mesmo modo: (*nós*) *dizemos/(vós) dizeis e (nós) fazemos/(vós) fazeis*. As oposições que não são proporcionais são isoladas; são evidentemente as mais numerosas; em semântica, só as oposições gramaticais (morfológicas) é que são proporcionais; as oposições de vocabulário são isoladas.

B. OPOSIÇÕES CLASSIFICADAS SEGUNDO A RELAÇÃO ENTRE OS TERMOS DA OPOSIÇÃO:

B.1. *Oposições privativas*. São as mais conhecidas. A oposição privativa designa qualquer oposição em que o significante de um termo é caracterizado pela presença de um elemento significativo ou *marca,* que falta ao significante do outro; portanto, trata-se da oposição geral: *marcado/não marcado — come* (sem índice de pessoa ou de número), termo não marcado, *comemos* (1.ª pessoa do plural), termo marcado. Esta disposição corresponde em lógica à relação de inclusão. Podemos aqui estabelecer uma conexão com dois problemas importantes. O pri-

(79) É também uma oposição privativa.

meiro diz respeito à *marca*. Alguns linguistas assimilaram a marca ao excepcional e fizeram intervir um sentimento de normalidade para julgar o termo *não marcado*; o *não marcado* seria o que é frequente ou banal, ou ainda derivado do *marcado* por um corte subsequente; chegamos assim à ideia de marca *negativa* (aquilo que se corta): com efeito, na língua, os termos não marcados são mais frequentes do que os termos marcados (Troubetskoy, Zipf); assim, Cantineau considera que *«rond»* é marcado em relação a *«ronde»*, que o não é; é que, na verdade, Cantineau faz intervir o conteúdo, segundo o qual o masculino aparece marcado em relação ao feminino. Para Martinet, pelo contrário, a marca é literalmente um elemento significante a mais; isto não impede, no caso do *masculino/feminino*, o paralelismo que existe normalmente entre a marca do significante e a do significado: de facto «masculino» corresponde a uma indiferença dos sexos, a uma espécie de generalidade abstracta (tirar a *limpo*, é bem *feito*); em relação a isto o feminino é bem marcado: quando se quer dizer mais junta-se um signo suplementar ([80]). O segundo problema levantado pelas oposições privativas é o do termo não marcado: chamamos-lhe *grau zero* da oposição; o grau zero não é propriamente um nada (contra-senso corrente), *é uma ausência que significa*; chegamos aqui a um estado diferencial puro; o grau zero mostra o poder de qualquer sistema de signos, que pode assim fazer sentido «com nada»: «a Língua pode contentar-se com a oposição de qualquer coisa com

---

([80]) A economia linguística afirma que há uma relação constante entre a quantidade de informação a transmitir e a energia (o tempo) necessária para essa transmissão (A. Martinet, *Travaux de l'Institut de linguistique*, I, p. 11).

nada» ([81]). Proveniente da fonologia, o conceito de grau zero tem uma grande riqueza de aplicação; em semântica, onde encontramos *signos-zeros* («fala-se de 'signo-zero' no caso em que a ausência explícita de um significante funciona ela própria como um significante») ([82]); em lógica («A está no estado zero, isto é, A não existe efectivamente mas sob certas condições podemos fazê-lo aparecer») ([83]); em etnologia, onde Lévi-Strauss o comparou com a noção de *mana* («um fonema zero tem como função própria o opor-se à ausência do fonema... Do mesmo modo poderíamos dizer... que a função das noções de tipo *mana* é oporem-se à ausência de significação sem comportarem por si mesmas nenhuma significação particular») ([84]); por fim, em retórica, onde o vazio dos significantes retóricos, elevado ao nível do plano de conotação, constitui por sua vez um significado estilístico ([85]).

B.2. *Oposições equipolentes.* Nestas oposições, cuja relação seria, em lógica, uma relação de exterioridade, os dois termos são equivalentes, isto é, não podem ser considerados a negação e a afirmação de uma particularidade (oposições privativas): em *foot-feet* não há nem marca nem ausência de marca. Estas oposições são semanticamente as mais numerosas, embora a língua, por economia, se preocupe muitas vezes em substituir as oposições equipolentes por oposições privativas, primeiro porque nestas a relação entre a semelhança e a diferença está mais

---

([81]) Saussure, *Cours de linguistique générale,* p. 124.
([82]) H. Frei, *Cahiers Fernand de Saussure,* XI, p. 35.
([83]) Destouches, *Logistique,* p. 73
([84]) C. Lévi-Strauss, «Introduction à l'œuvre de M. Mauss» in M. Mauss, *Sociologie et Anthropologie,* P. U. F., 1950.
([85]) Cf. *O Grau Zero da Escrita.*

bem equilibrada, e depois porque permitem construir séries proporcionais (*leão/leoa, patrão/patroa,* etc.), ao passo que *garanhão/égua,* oposição equipolente, não tem derivação ([86]).

C. OPOSIÇÕES CLASSIFICADAS SEGUNDO A EXTENSÃO DO SEU VALOR DIFERENCIATIVO:

C.1. *Oposições constantes.* É o caso dos significados que têm sempre significantes diferentes: *(eu) como/(nós) comemos*; a primeira pessoa do singular e a do plural têm significantes diferentes, em todos os tempos e em todos os modos.

C.2. *Oposições anuláveis ou neutralizáveis.* É o caso dos significados que nem sempre têm significantes diferentes, de forma que dois termos da oposição podem por vezes ser idênticos: à oposição semântica *1.ª pessoa do singular/3.ª pessoa do singular* correspondem significantes diferentes *(comi/comeu)* ou (fonicamente) idênticos *(soube/soube).*

III.3.4. Em que é que se podem transformar estes tipos de oposições, em semiologia? É ainda muito cedo para o dizermos, porque o plano paradigmático de um novo sistema não pode ser analisado sem um vasto inventário. Não há nada que garanta que os tipos propostos por Troubetskoy e retomados em parte ([87]) por Cantineau pos-

---

([86]) Em *garanhão/égua,* o elemento comum está situado no plano do significado.

([87]) Cantineau não manteve as *oposições graduais,* postuladas por Troubetskoy (em alemão: *u/o e ü/ö*).

sam dizer respeito a sistemas diferentes da língua: são concebíveis novos tipos de oposições sobretudo se admitimos a fuga ao modelo binário. No entanto vamos tentar esboçar aqui um confronto entre os tipos de Troubetskoy e Cantineau e aquilo que sabemos de dois sistemas semiológicos muito diferentes: o código da estrada e o sistema da Moda. No código da estrada encontramos oposições multilaterais proporcionais (por exemplo, todas as que são construídas por meio da variação das cores no interior da oposição entre o disco e o triângulo), privativas (quando uma marca que se acrescenta faz variar, por exemplo, o sentido de um sinal redondo) e constantes (nele os significados têm sempre significantes), mas não encontramos nem equipolentes nem anuláveis; esta economia é compreensível; o código da estrada deve ter uma legibilidade imediata e sem ambiguidade, sob pena de acidentes; portanto, elimina as oposições que exigem maior tempo de intelecção, quer por fugirem ao paradigma propriamente dito (oposições equipolentes), quer por darem a escolher dois significados para um só significante (oposições anuláveis).

No sistema da Moda ([88]), que, pelo contrário, tende para a polissemia, encontramos todos os tipos de oposições, excepto evidentemente as oposições bilaterais e as oposições constantes, que teriam o efeito de acentuar a particularidade e a rigidez do sistema. Portanto, a semiologia, no sentido exacto do termo, isto é, como ciência extensiva a todos os sistemas de signos, pode tirar partido da disposição geral dos tipos de oposições através dos sistemas: observação que fica sem objecto ao nível exclu-

---

([88]) Cf. R. Barthes *Système de la Mode,* E. du Seuil [*Sistema da Moda*, Lisboa, Edições 70, 1981].

sivo da linguagem. Mas sobretudo a extensão da investigação semiológica provavelmente levar-nos-á a estudar — talvez sem as podermos reduzir — as relações paradigmáticas seriais e não apenas opositivas, porque não temos a certeza de que, diante de objectos complexos, muito empenhados numa matéria e em usos, o funcionamento do sentido se possa reduzir à alternativa de dois elementos polares ou à oposição entre uma marca e um grau zero. Isto obriga-nos a recordar que o mais debatido problema paradigmático é o do *binarismo*.

III.3.5. A importância e a simplicidade da oposição privativa (*marcado/não-marcado*), que é por definição alternativa, levaram a perguntar se não deveríamos reduzir todas as oposições conhecidas ao modelo binário (por presença ou ausência de uma marca), ou, por outras palavras, se o binarismo não seria um facto universal; e, sendo universal, se não estaria baseado na natureza. Quanto ao primeiro ponto, é certo que o binarismo é um facto muito geral; é um princípio reconhecido há séculos que a informação pode ser veiculada por um código binário, e a maior parte dos códigos artificiais, inventados por sociedades muito diversas, foram binários, desde o *bush telegraph* (e nomeadamente o *talking drum* com duas notas das tribos congolesas) até ao alfabeto morse e aos actuais desenvolvimentos do «digitalismo», ou códigos alternativos de «dígitos», na mecanografia e na cibernética. No entanto, para abandonarmos o plano das «logo-técnicas» e voltarmos ao dos sistemas não artificiais, que é o que nos interessa agora, a universalidade destes últimos parece muito mais incerta. Facto paradoxal, o próprio Saussure nunca concebeu o campo associativo como binário; para ele, os termos de um campo não são em número finito nem estão numa ordem determinada[89]: «Um termo é como o centro de uma constelação, o ponto onde convergem outros termos coordenados, cuja soma é indeterminada»[90]; a única restrição posta por Saussure diz respeito aos paradigmas de flexão que são evidentemente séries finitas. Foi a fonologia que chamou a atenção para o binarismo da linguagem (este só é verdadeiro ao nível da segunda articulação); este binarismo será absoluto? Jakobson pensa que sim[91]: segundo ele, os sistemas fonéticos de todas as línguas podem ser descritos por meio de uma dúzia de traços distintivos, todos binários, isto é, presentes ou ausentes (ou, eventualmente, não pertinentes); este universalismo binário foi discutido e ligeiramente modificado por Martinet[92]: as oposições binárias são a maioria, não a totalidade; a universalidade do binarismo não é certa. Discutido em fonologia, inexplorado em semântica, o binarismo é a grande incógnita da semiologia, cujos tipos de oposições ainda não foram determinados; para dar conta das oposições complexas, podemos recorrer evidentemente ao modelo produzido pela linguística e que consiste numa alternativa «complicada», ou oposição de quatro termos: dois termos polares (*isto ou aquilo*), um termo misto (*isto e aquilo*) e um termo neutro (*nem isto nem aquilo*); *estas* oposições,

---

(89) Não vamos abordar aqui a questão da ordem dos termos num paradigma; para Saussure, essa ordem é indiferente; para Jakobson, pelo contrário, numa flexão, o nominativo ou caso-zero é o caso inicial (*Essais*, p. 71). Esta questão pode tornar-se muito importante no dia em que se estude por exemplo a metáfora como paradigma de significantes e em que seja preciso decidir se um dos termos da série metafórica tem uma precedência qualquer (Cf. R. Barthes, «La métaphore de l'œil», in *Critique,* n.º 195-196, Ag.-Set. 1963 e *Essais Critiques*, Seuil, 1964).

(90) *Cours de Linguistique Générale,* p., 174.

(91) *Preliminaries to Speech Analysis,* Cambridge, Mass., 1952.

(92) *Economie des changements phonétiques,* 3, 15, p. 73.

embora mais flexíveis do que a oposição privativa, não evitam que se levante o problemas dos paradigmas *seriais* e já não apenas opositivos: a universalidade do binarismo não está ainda instituída. E o seu «natural» também não (é o segundo ponto em que ele se presta à discussão); podemos ser tentados a fundamentar o binarismo geral dos códigos em dados fisiológicos, na medida em que podemos acreditar que a percepção neuro-cerebral também funciona com tudo ou nada, particularmente a vista e o ouvido, que operam por «destruição» da alternativa ([93]); assim construiríamos, da natureza à sociedade, uma vasta tradução «digital», e já não «analógica» do mundo; mas nada disto é certo. De facto, e para concluirmos rapidamente o binarismo, podemos perguntar se não se trata aqui de uma classificação simultaneamente necessária e transitória: o binarismo é também uma metalinguagem, uma taxinomia particular destinada a ser levada pela história, na qual constituiu um momento preciso.

III.3.6. Para acabarmos de falar sobre os principais factos de sistema, basta dizermos uma palavra sobre a *neutralização*; este termo designa em linguística o fenómeno pelo qual uma oposição pertinente perde a sua pertinência, isto é, deixa de ser significante. De uma maneira geral, a neutralização de uma oposição sistemática produz-se sob o efeito do contexto: portanto, de certo modo, é o sintagma que «anula» o sistema. Em fonologia, por exemplo, a oposição de dois fonemas pode ser destruída em

([93]) Os sentidos mais rudimentares, como o gosto e o olfacto, permanecem analógicos. Cf. V. Belevitch, *Langage des machines et langage humain*, pp. 74-75.

consequência da posição de um dos termos na cadeia falada: em português, há normalmente oposição entre ∈ e ə quando um destes termos está em posição final (*bebé/ /bebe*); esta oposição não é pertinente em nenhuma outra posição: é neutralizada; inversamente, a oposição pertinente ʃ/z (*acha/asa*) é normalmente neutralizada na posição final, onde só encontramos um som ʃ (*faz, más, jaz*); com efeito os dois traços neutralizados são reunidos num som único a que chamamos arquifonema, e que se escreve com uma maiúscula: ∈/ə = E; ʃ/z = S. Em semântica, a neutralização só foi objecto de algumas investigações, visto que o «sistema» semântico ainda não está estabelecido: G. Dubois ([94]) observa que uma unidade semântica pode perder os seus traços pertinentes em certos sintagmas; por volta de 1872, em expressões como: *emancipação dos trabalhadores, emancipação das massas, emancipação do proletariado,* podemos comutar uma parte da expressão sem alterar o sentido da unidade semântica complexa. Em semiologia, para esboçar uma teoria da neutralização é necessário, uma vez mais, esperar pela reconstituição de um certo número de sistemas: alguns talvez excluam radicalmente este fenómeno; pela sua própria finalidade, que é a intelecção imediata e sem ambiguidade de um pequeno número de signos, o código da estrada não pode tolerar nenhuma neutralização. A Moda, pelo contrário, com as suas tendências polissémicas (e mesmo pansémicas) admite numerosas neutralizações: enquanto que num caso a *camisola* remete para o mar e o *camisolão* para a montanha, noutros casos fala-se indiferentemente de uma *camisola* («*chandail*») ou de um *camisolão* («*sweater*»)

([94]) *Cahiers de Lexicologie,* 1, 1959 («Unité sémantique complexe et neutralisation»).

para o mar; perdeu-se([95]) a pertinência *camisolão/camisola:* as duas peças são absorvidas por uma espécie de «arqui-vestema» do tipo «lã». Podemos dizer, pelo menos na hipótese semiológica, (isto é, sem ter em conta os problemas próprios da segunda articulação, a das unidades puramente distintivas), que há neutralização quando dois significantes se estabelecem sob a sanção de um só significado ou reciprocamente (porque podem existir neutralizações de significados). É necessário acrescentar a este fenómeno duas noções úteis: a primeira é a de *campo de dispersão* ou de *margem de segurança*; o campo de dispersão é constituído pelas variedades de execução de uma unidade (de um fonema, por exemplo) enquanto essas variedades não implicarem uma mudança de sentido (isto é, não passarem à categoria de variações pertinentes); as «bordas» do campo de dispersão são as margens de segurança; esta noção é pouco útil quando estamos a tratar de um sistema onde a «língua» é muito forte (no sistema do automóvel, por exemplo), mas é indispensável quando uma «fala» abundante vem multiplicar as ocasiões de execução; na alimentação, por exemplo, podemos falar do campo de dispersão de um prato, que é constituído pelos limites dentro dos quais esse prato é ainda significante, sejam quais forem as «fantasias» do seu executante. As variedades que compõem os campos de dispersão tanto são *variantes combinatórias,* quando dependem da combinação dos signos, isto é, do contexto imediato (o *d* de *nada* e o de *ronda* não são idênticos, mas a variação não tem incidência sobre o sentido), como

([95]) É evidente que é o *discurso* da revista de Moda que exerce a neutralização; esta consiste, em suma, em passar da disjunção exclusiva de tipo AUT (camisola ou então camisolão) à disjunção inclusiva de tipo VEL (camisola ou indiferentemente camisolão).

variantes individuais ou facultativas (em português, por exemplo, compreende-se do mesmo modo o *r* múltiplo apical ou velar, a variação destes dois *r* não é pertinente). Durante muito tempo estas variantes foram consideradas como factos de fala; estão muito próximas deles, é certo, mas hoje são consideradas factos de língua, a partir do momento em que são «forçadas». É provável que em semiologia, onde os estudos sobre conotação têm um lugar muito importante, as variações não pertinentes se transformem numa noção central: com efeito, as variações que são insignificantes no plano da conotação (por exemplo o som *s* pronunciado no sʃ) podem tornar-se significantes no plano da conotação: *s* e ʃ remetem então para dois significados distintos: na língua do teatro, um poderá significar «o Lisboeta», e o outro «o Provinciano», sem deixarem de ser in-significantes no sistema denotado. Estas são as primeiras implicações da neutralização. De um modo muito geral, a neutralização representa uma espécie de pressão do sintagma sobre o sistema e sabemos que o sintagma, próximo da fala, é em certa medida um factor de «defecção» do sentido; os sistemas mais fortes (como o código da estrada) têm sintagmas pobres; os grandes complexos sintagmáticos (como a imagem) tendem a ambiguizar o sentido.

III.3.7. Sintagma, Sistema: eis os dois grandes planos da linguagem. Ora, embora o seu estudo esteja apenas indicado aqui e ali, é necessário prever uma exploração a fundo do conjunto dos fenómenos pelos quais um plano excede o outro, de um modo um pouco «teratológico» em vista das relações normais do sistema e do sintagma: com efeito, por vezes o modo de articulação dos dois eixos está «corrompido», por exemplo quando um certo paradigma se desdobra em sintagma: há transgressão da divisão normal *sintagma/sistema* e provavelmente é em volta dessa transgressão que se situa um grande número de fenómenos criativos, como se talvez houvesse uma junção entre a estética e as defecções do sistema semântico. A principal transgressão é evidentemente a extensão de um paradigma ao plano sintagmático, visto que normalmente só um termo da oposição é que é actualizado, e o outro (ou os outros) permanece virtual: falando por alto, é o que se passa se tentarmos elaborar um discurso colocando lado a lado todos os termos de uma mesma declinação. A questão destas extensões sintagmáticas já se tinha levantado em fonologia, onde Trnka, muito corrigido por Troubetskoy, tinha afirmado que, no interior de um morfema, dois termos paradigmáticos de um par correlativo não se podem encontrar lado a lado. Mas é evidente que é na semântica que a normalidade (a que se refere na fonologia a lei de Trnka) e as suas transgressões podem ter mais interesse, visto que estamos agora no plano das unidades significativas (e já não distintivas) e a irrupção dos eixos da linguagem implica aqui uma subversão aparente do sentido. Sob este ponto de vista, eis três direcções que é preciso explorar. Face às oposições clássicas, ditas de *presença,* J. Tubiana ([96]) propõe que se reconheçam oposições de *disposição*: duas palavras apresentam os mesmos traços mas a disposição desses traços difere de uma para outra: *maré/rema; ramo/amor; lobo/bolo.* Estas oposições formam a maior parte dos jogos de palavras, equívocos e trocadilhos de sílabas; em suma, partindo de uma oposição pertinente (*Turba/ bruta*), basta suprimir a barra de oposição paradigmática para obter um sintagma estranho (*Turba bruta* era o título de um artigo de uma

([96]) *Cahiers Ferdinand de Saussure*, IX, pp. 41-46.

revista); esta supressão repentina da barra é bastante semelhante ao levantamento de uma espécie de censura estrutural, e não podemos deixar de comparar este fenómeno com o sonho, como produtor ou utente deste jogo de palavras. Outra direcção importante a explorar: a rima; a rima forma uma esfera associativa ao nível do som, isto é, dos significantes: há paradigmas de rimas; em relação a estes paradigmas, o discurso rimado é constituído evidentemente por um fragmento de sistema desdobrado em sintagma; em suma, a rima coincide com uma transgressão da lei de distância do sintagma-sistema (lei de Trnka); corresponde a uma tensão voluntária entre o semelhante e o dissemelhante, a uma espécie de escândalo estrutural. Finalmente, toda a retórica é indubitavelmente o domínio destas transgressões criativas; se nos lembrarmos da distinção de Jakobson, percebemos que qualquer série metafórica é um paradigma sintagmatizado e qualquer metonímia um sintagma congelado e absorvido num sistema; na metáfora, a selecção torna-se contiguidade e, na metonímia, a contiguidade torna-se campo de selecção. Portanto, segundo parece, é sempre nas fronteiras aos dois planos que se joga a criação.

IV. DENOTAÇÃO E CONOTAÇÃO

IV.1. Recorde-se que qualquer sistema de significação comporta um plano de expressão (*E*) e um plano de conteúdo (*C*) e que a significação coincide com a relação *(R)* dos dois planos: *E R C*. Suponhamos agora que este sistema *E R C* se torna por sua vez o simples elemento de um segundo sistema, que assim lhe é extensivo; temos assim dois sistemas de significação imbricados um no outro, mas também desligados entre si. No entanto, a «separação» dos dois sistemas pode fazer-se de duas maneiras completamente diferentes, consoante o ponto de inserção do primeiro sistema no segundo, produzindo assim dois conjuntos opostos. No primeiro caso, *o primeiro sistema (E R C) transforma-se em plano de expressão ou significante do segundo sistema:*

2	*E*	*R*	*C*
1	*E R C*		

ou ainda: *(E R C) R C*. É o caso daquilo a que Hjelmslev chama *semiótica conotativa;* o primeiro sistema constitui então o plano de *denotação* e o segundo sistema (extensivo ao primeiro) o plano de *conotação*. Portanto, dizemos *que um sistema conotado é um sistema cujo plano de expressão é ele próprio constituído por um sistema de significação*; os casos correntes de conotação são constituídos evidentemente pelos sistemas complexos em que a linguagem articulada forma o primeiro sistema (é, por exemplo, o caso da literatura).

No segundo caso (oposto) de separação, *o primeiro sistema (E R C) transforma-se, não no plano de expressão, como na conotação, mas no plano de conteúdo ou significado do segundo sistema:*

2	*E*	*R*	*C*
1			*E R C*

ou ainda: *E R (E R C)*. É o caso de todas as *metalinguagens: uma metalinguagem é um sistema cujo plano do conteúdo é ele próprio constituído por um sistema de significação; ou, ainda, é uma semiótica que trata de uma semiótica.* São estas as duas vias de amplificação dos sistemas duplos:

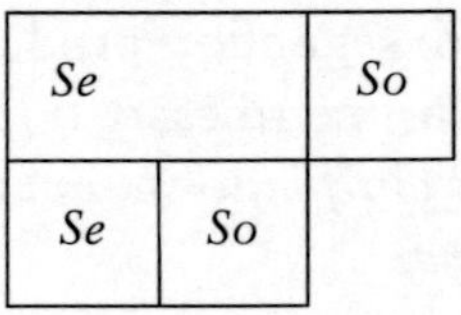

Conotação

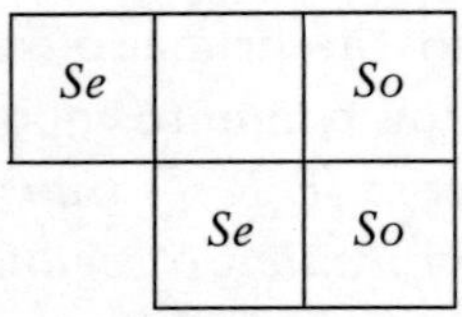

Metalinguagem

IV.2. Os fenómenos de conotação não foram ainda estudados sistematicamente (encontramos algumas indicações nos *Prolegomena* de Hjelmslev). No entanto, não há dúvida de que o futuro pertence a uma linguística da conotação, porque a sociedade desenvolve constantemente, a partir do sistema primeiro que lhe é fornecido pela linguagem humana, sistemas segundos de sentido, e esta elaboração, umas vezes exibida, outras disfarçada, racionalizada, é quase como uma verdadeira antropologia histórica. A conotação, sendo ela própria um sistema, compreende significantes, significados e o processo que os une uns aos outros (significação), e é o inventário destes três elementos que é necessário elaborar em primeiro lugar para cada sistema. Os significantes de conotação, a que chamaremos *conotadores,* são constituídos por *signos* (significantes e significados reunidos) do sistema denotado; naturalmente, vários signos denotados podem reunir-se para formar um só conotador — se tiver um só significado de conotação; por outras palavras, as unidades do sistema conotado não são forçosamente do mesmo tamanho das do sistema denotado; grandes fragmentos de discurso denotado podem constituir uma só unidade do sistema conotado (é o caso, por exemplo, do *tom* de um texto, feito de palavras múltiplas, mas que remete todavia para um só significado). Seja qual for a maneira como «enfeita» a mensagem denotada, a conotação não a esgota: continua a ser sempre algo de «denotado» (sem isso o discurso não seria possível) e os conotadores são sempre por fim signos descontínuos, «erráticos», naturalizados pela mensagem denotada que os veicula. Quanto ao significado de conotação, esse tem um carácter simultaneamente geral, global e difuso: é, se quisermos, um fragmento de ideologia — o conjunto das mensagens francesas remete, por exemplo, para o significado «Francês»; uma obra pode remeter para o significado «Literatura»; estes significados estão em estreita comunicação com a cultura, com o saber, com a história, é através deles, se assim podemos dizer, que o mundo penetra no sistema; a *ideologia* é em suma a *forma* (no sentido hjelmsleviano) dos significados de conotação, enquanto a *retórica* é a forma dos conotadores.

IV.3. Na semiótica conotativa, os significantes do segundo sistema são constituídos pelos signos do primeiro; na metalinguagem, passa-se o inverso: os significados do segundo sistema é que são constituídos pelos signos do primeiro. Hjelmslev determinou a noção de metalinguagem do seguinte modo: sabendo que uma *operação* é uma *descrição* baseada no princípio empírico, isto é, não contraditório (coerente), exaustivo e simples, a semiótica científica ou metalinguagem é uma operação, enquanto a semiótica conotativa não o é. É evidente que a semiologia, por exemplo, é uma metalinguagem, visto que se encarrega a título de sistema segundo de uma linguagem primeira (ou linguagem-objecto) que é o sistema estudado; e este sistema-objecto é *significado* através da metalinguagem da semiologia. A noção de metalinguagem não deve ser reservada para as linguagens científicas; quando a linguagem articulada, *no seu estado denotado,* se encarrega de um sistema de objectos significantes, constitui-se como «operação», isto é, como metalinguagem: é o caso, por exemplo, da revista de Moda que «fala» as significações do vestuário; caso ideal, contudo, porque a revista não apresenta geralmente um discurso puramente denotado; portanto, para concluir, temos aqui um conjunto complexo em que a linguagem, no seu nível denotado, é metalinguagem, mas em que essa metalinguagem por sua vez fica presa num processo de conotação:

<table>
<tr><td>3 Conotação</td><td colspan="2">Se: retórica</td><td>So: ideologia</td></tr>
<tr><td>2 Denotação
Metalinguagem</td><td>Se</td><td>So</td><td></td></tr>
<tr><td>1 Sistema real</td><td></td><td>Se So</td><td></td></tr>
</table>

IV.4. Em princípio não há nada que impeça que uma metalinguagem se transforme por sua vez na linguagem-objecto de uma nova metalinguagem; seria o caso da semiologia, por exemplo, no dia em que fosse «falada» por uma outra ciência; se aceitássemos a definição das ciências humanas como linguagens coerentes, exaustivas e simples (princípio empírico de Hjelmslev), isto é, como *operações,* cada ciência nova apareceria então como uma nova metalinguagem que tomaria por objecto a metalinguagem que a precedesse, e visaria o real-objecto que está no fundo destas «descrições»; a história das ciências humanas seria assim, num certo sentido, uma diacronia de metalinguagens, e cada ciência, inclusive evidentemente a semiologia, conteria a sua própria morte, sob a forma da linguagem que a falará. Esta relatividade, intrínseca ao sistema geral das metalinguagens, permite rectificar a imagem demasiado segura que podemos ter, à primeira vista, do semiólogo face à conotação; o conjunto de uma análise semiológica geralmente mobiliza ao mesmo tempo, além do sistema estudado e da língua (denotada) que na maior parte das vezes o toma a seu cargo, um sistema de conotação e a metalinguagem da análise que lhe é aplicada; podemos dizer que a sociedade, detentora do plano de conotação, fala os significantes do sistema considerado, enquanto que o semiólogo fala os seus significados; portanto este parece ter uma função objectiva de decifração (a sua linguagem é uma operação) frente ao mundo que naturaliza ou disfarça os signos do primeiro sistema sob os significantes do segundo; no entanto, a própria história que renova as metalinguagens torna provisória a sua objectividade.

CONCLUSÃO: A INVESTIGAÇÃO SEMIOLÓGICA

O objectivo da investigação semiológica é reconstituir o funcionamento dos sistemas de significação diferentes da língua segundo o próprio projecto de qualquer actividade estruturalista, que é construir um *simulacro* dos objectos observados (97). Para empreendermos essa investigação, é necessário aceitar francamente desde o início (e sobretudo no início) um princípio limitativo. Esse princípio, proveniente uma vez mais da linguística, é o princípio de pertinência (98); decidimos descrever os factos de um só ponto de vista e por conseguinte reter na massa heterogénea desses factos apenas os traços que interessam sob esse ponto de vista, com exclusão de qualquer outro (estes traços chamam-se *pertinentes*); o fonólogo, por exemplo, só interroga os sons sob o ponto de vista do sentido que produzem sem se ocupar com a sua natureza física, articulatória; a pertinência escolhida pela investigação semiológica diz respeito por definição à significação dos

---

(97) Cf. R. Barthes, «L'activité structuraliste», in *Essais Critiques,* Seuil, 1964, p. 213.

(98) Formulado por A. Martinet, *Éléments*, p. 37

objectos analisados: interrogam-se os objectos unicamente sob o aspecto do sentido que possuem, sem fazer intervir, pelo menos prematuramente, isto é, antes de o sistema estar o mais reconstituído possível, os outros determinantes (psicológicos, sociológicos, físicos) desses objectos; é certo que não devemos negar esses outros determinantes, cada um dos quais releva de uma outra pertinência; mas devemos tratá-los em termos semiológicos, isto é, situar o seu lugar e a sua função no sistema do sentido: a Moda, por exemplo, tem evidentemente implicações económicas e sociológicas; mas o semiólogo não estuda nem a economia nem a sociologia da Moda: diz apenas a que nível do sistema semântico da Moda é que a economia e a sociologia se juntam à pertinência semiológica — ao nível de formação do signo relativo ao vestuário, por exemplo, ou ao das associações obrigatórias (tabus) ou ao do discurso de conotação. O princípio de pertinência arrasta evidentemente o analista para uma situação de *imanência,* observa-se um determinado sistema do *interior*. No entanto, como o sistema investigado não pode ser conhecido antecipadamente nos seus limites (visto que se trata precisamente de o reconstituir), a imanência a princípio só se pode referir a um conjunto heteróclito de factos que é preciso «tratar» para conhecer a sua estrutura; este conjunto deve ser definido pelo investigador antes de dar início à investigação: é o corpus. O *corpus* é uma colecção finita de materiais, determinada de antemão pelo analista, segundo um certo arbitrário (inevitável) e sobre a qual ele vai trabalhar. Por exemplo, se quisermos reconstituir o sistema alimentar dos Franceses de hoje, temos de escolher antecipadamente o corpo de documentos sobre os quais a análise vai trabalhar (ementas de jornais, ementas de restaurantes? ementas reais observadas? ementas «contadas»?) e, definido este *corpus*, devemos limitar-nos rigorosamente a ele: isto é, por um lado não lhe acrescentarmos nada no decorrer da investigação, mas também esgotarmos completamente a análise desse *corpus*, visto que qualquer facto incluído no *corpus* se deve encontrar no sistema. Como escolher o *corpus* em que se vai trabalhar? Isso depende evidentemente da natureza dos sistemas pressupostos: um *corpus* de factos alimentares não pode ser submetido aos mesmos critérios de escolha de um *corpus* de formas automóveis. Podemos arriscar aqui duas recomendações gerais. Por um lado, o *corpus* deve ser suficientemente vasto para que se possa esperar razoavelmente que os seus elementos saturem um sistema completo de semelhanças e de diferenças: é certo que quando estudamos uma série de materiais, ao fim de um certo tempo acabamos por encontrar factos e relações já determinados (vimos que a identidade dos signos constituía um facto de língua; estes «retornos» são cada vez mais frequentes até não descobrirmos mais nenhum material novo: o *corpus* está então saturado. Por outro lado, o *corpus* deve ser o mais homogéneo possível; em primeiro lugar, homogeneidade da substância; é evidente que temos interesse em trabalhar com materiais constituídos por uma mesma e única substância, à maneira do linguista que só trata da substância fónica; do mesmo modo, idealmente, um bom *corpus* alimentar só deveria comportar um mesmo e único tipo de documentos (por exemplo, as ementas de restaurantes); no entanto a realidade apresenta mais frequentemente substâncias misturadas; por exemplo, vestuário e linguagem escrita na Moda; imagem, música e fala no cinema, etc.; portanto podemos aceitar *corpus* heterogéneos, mas tendo então o cuidado de estudar atentamente a articulação sistemática das substâncias em causa (particularmente de separar cuidadosamente o real da linguagem que o toma a seu cargo), isto é, de dar à sua própria heterogeneidade uma interpretação estrutural; em seguida, homogeneidade da temporalidade; em princípio, o *corpus* deve eliminar ao máximo os elementos diacrónicos; deve coincidir com um estado do sistema, um «corte» da história. Sem entrarmos aqui no debate teórico da sincronia e da diacronia, diremos apenas que, de um ponto de vista operatório, o *corpus* deve abranger tanto quanto possível os conjuntos sincrónicos; portanto, devemos preferir um *corpus* variado mas limitado no tempo a um corpus restrito mas de longa duração, e, por exemplo, se estudarmos factos de imprensa, um conjunto de amostras dos jornais publicados num mesmo momento à colecção de um mesmo jornal publicado ao longo de vários anos. Alguns sistemas estabelecem eles mesmos a sua própria sincronia: a Moda, por exemplo, que muda de ano para ano; para os outros, é necessário escolher uma temporalidade curta, com o risco de termos de fazer em seguida algumas sondagens na diacronia. Estas escolhas iniciais são puramente operatórias e são forçosamente arbitrárias em parte: não podemos avaliar com antecedência o ritmo de mudança dos sistemas, visto que o objectivo talvez essencial da investigação semiológica (isto é, o que será descoberto em último lugar) é precisamente descobrir o tempo próprio dos sistemas, a história das formas.

BIBLIOGRAFIA CRÍTICA

Actualmente a semiologia não pode produzir uma bibliografia autónoma; as principais leituras devem ter por objecto os trabalhos dos linguistas, etnólogos e sociólogos que têm como referência o estruturalismo ou o modelo semântico; vamos dar aqui uma escolha restrita das obras cuja leitura pode construir uma boa iniciação à análise semiológica.

ALLARD (M.), ELZIÈRE (M.), GARDIN (J. C.), HOURS (F.), *Analyse conceptuelle du Coran sur cartes perforées,* Paris, Haia, Mouton & Co, 1963, Tomo I, Código, 110 p., Tomo II, Comentário, 187 p.

BARTHES (R.), *Mythologies,* Paris, ed. du Seuil, 1957, [Edições 70, 1973, ²2007].

BRONDAL (V.), *Essais de Linguistique Générale,* Copenhaga, 1943, Munksgaard, XII.

BUYSSENS (E.), *Les Langages et le discours. Essai de linguistique fonctionnelle dans le cadre de la sémiologie,* Bruxelas, 1943, Office de Publicité.

ERLICH (V.), *Russian Formalism,* Mouton & Co, Haia, 1955.

GODEL (R.), *Les sources manuscrites du Cours de Linguistique Générale de F. de Saussure,* Genebra, Droz, Paris, Minard, 1957.

GRANGER (G.-G.), *Pensée formelle et sciences de l'homme,* Paris, Aubier, éd. Montaigne, 1960.

HARRIS (Z. S.), *Methods in Structural Linguistics,* Univ. of Chicago Press, Chicago, 1951.

HJELMSLEV (L.), *Essais linguistiques,* trabalhos do Círculo Linguístico de Copenhaga, vol. XII, Copenhaga, Nordisk Sprog-og Kulturforlag.

JAKOBSON (R.), *Essais de Linguistique Générale,* ed. de Minuit, Paris, 1963.

LEVI-STRAUSS (C.) *Anthropologie Structurale,* Paris, Plon, 1958.

MARTINET (A.), *Eléments de Linguistique Générale,* Paris, A. Colin, 1960.

MOUNIN (G.), *Les problèmes théoriques de la traduction,* Paris, Gallimard, 1963.

MORRIS (CH. W.), *Signs, Language and Behaviour,* Nova Iorque, Prentice-Hall, 1946.

PEIRCE (CH. S.), *Selected Writings,* ed. by J. Buchlev, Harcourt, Bruce & Co., Nova Iorque, Londres, 1940.

PIKE (K. L.), *Language in Relation to a Unified Theory of the Structure of Human Behaviour,* Glendale, Calif., 3 fasc., 1954, 1955, 1960, 170-85-146 p.).

PROPP (V.), «Morphology of the Folktale», *Intern. Journal of American Linguistics*, vol. 24, n.° 4, Out. 1958, Indiana Univ., X-134 p.

SAUSSURE (F. de), *Cours de Linguistique Générale,* Paris, Payot, 4.ª ed. 1949 [*Curso de Linguística Geral*, Lisboa, Dom Quixote].

TROUBETSKOY (N. S.), *Principes de Phonologie,* traduz. por J. Cantineau, Klincksieck, Paris, 1957, 1.ª ed. 1949.

Para os recentes desenvolvimentos da linguística estrutural, consulte-se o notável artigo de N. Ruwet: «La Linguistique général aujourd'hui», Arch. europ. de Soc., V, (1964), 277-310.

ÍNDICE SEMIOLÓGICO

Índice Semiológico

ÍNDICE